ダイエットコーチ　七瀬 葉　YOU NANASE

食事制限0《ゼロ》、運動0《ゼロ》

「ダイエットこじらせさん」が今度こそやせる本

講談社

はじめに

一年中ダイエットをしているのにやせられない。やせても、いつの間にかリバウンドしている。いろいろなダイエット法を頑張っているのにうまくいかない……。

私が主宰するダイエットスクールの生徒さんたちは最初、口々におっしゃいます。

この本を手に取ったあなたも、そうなのではないのでしょうか。食べすぎないように我慢したり、好きなスイーツを控えたり、ジムに入会して通ったり、エステに行ったり。十分努力しています。

世の中にあるたくさんのダイエット情報から知識を集めていて、摂取カロリーを減らして消費するカロリーを増やせばいいと、やせる理屈もわかっています。

けっして不真面目だったり怠け者だったりするわけではなく、むしろ頑張り屋さんなのではないでしょうか。

なのに、なかなかやせられない。**これは、ダイエットの方法を間違っているからではありません。間違っているのは、ダイエットの出発点なのです。**

ダイエットの意志が弱いのではなく、そもそものスタート地点を間違っているので、「やせる」というゴールに辿り着けないでいるのです。

私は、真面目なのになかなかやせられない彼女たちを親しみを込めて「ダイエットこじらせさん」と呼んでいます。この後お話ししますが、何を隠そう、かつて私自身が、「ダイエットこじらせさん」だったからです。

「ダイエットこじらせさん」の**ダイエットスタートに必要なのは、食事制限でも運動でもありません。まずその「こじらせ」にアプローチして、解きほぐすことです。**こじらせたままダイエットをスタートしているからこそ、多くの人が「ダイエットが終わらない」という悩みを抱えているのです。

私がダイエット指導を始めて、これまで接してきたのべ1500人にのぼるダイエットに悩む女性の大半は、真面目でいい人。けれどあるとき、彼女たちには、考え方や物事の捉え方に共通のパターンがあり、それがダイエット成功を阻む大きな要因となっていることに気づきました。そこにアプローチし、**こじらせているポイントを解きほぐすことで、「やせる」というゴールにぐんと近づけることを発見したのです。**

まずはその話をさせてください。

私は子どもの頃からダンサーに憧れていました。

学生時代は新体操部に所属。「新体操がうまくなるにはやせなくちゃ」と思い込んで、14歳で人生初のダイエットに挑戦。サウナスーツのかわりに食品ラップを巻いたりするような、いま考えると口にするのも恥ずかしいトンデモダイエットでした。

ダンスの専門学校に進んでからはプロのダンサーになりたいという気持ちがつのり、一気に8kgやせてカラダを絞りました。それが功を奏してか、憧れていた芸能事務所のオーディションに合格。地元佐賀から20歳で単身上京します。

ところが、**上京1年目で15kgも体重が増えました。**原因は一言で言うと、ストレスです。

プロになれば人前で踊れて楽しい人生を送れる！　期待に胸を膨らませて上京したの

に、オーディションを受けても落ちてばかり。相当の倍率をかいくぐって事務所に合格したのに、入ってみれば、まわりには私より経験豊かで優秀なダンサーが大勢いたのです。お仕事がもらえず、不安な日々を送る傍ら、生活のために飲食店でのアルバイトをはじめました。その結果、生活リズムが完全に崩れてしまい、不安やストレスを食べて発散する過食症に陥りました。ひどいときは、チョコチップクッキーのファミリーサイズを一気に食べたり、グラノーラをお皿にも出さず大きな袋から手づかみで食べたりするような荒れた食生活を送っていたのです。

ダンサーにとってカラダは商品そのもの。それなのに15kgも太ってしまったら、受かるオーディションにも受かるわけがありません。とうとう落ちるのが怖くなり、オーディション自体から逃げるようになりました。

このままではいけない。そう反省するたびにダイエットに挑む日々でしたが、結局、調子が良いとやせるのに、調子が悪いとまた太る、の連続でした。

この心とカラダが安定しない状態からなんとか脱却しようと、プロのダンサーとしてのキャリアに一区切りをつけることを決意。そのとき私が目指したのは、きちんと自分のカラダと向き合って、カラダ作りのプロになることでした。

ダンサーですから、カラダの仕組みにはもともと興味がありました。そこでエクササイズの勉強をイチからスタートさせて、ピラティスインストラクターの資格を取り、パーソナルストレッチトレーナーの修業もしました。

女性たちを相手にピラティスやストレッチの指導をしていると、生徒さんから「先生、どうやったらやせられますか？」という質問がしょっちゅう寄せられます。

ところが私自身、まだ「やせる⇕太る」を繰り返していた段階でしたから、こうすればやせられると胸を張ってアドバイスできる立場ではありません。

そこで今度はダイエットと栄養の勉強をイチから始めて、肥満予防のために医師が開発したダイエット法を学び、ダイエットの指導を始めました。

ダイエットの指導を始めてしばらくは、多くのダイエットスクールと同じように、食事指導と運動指導に重点を置いていました。

ところが、しばらくして気になったことがありました。生徒さんたちは、けっしてルーズでだらしないから太っているわけではなく、真面目すぎるくらいに頑張っています。それなのにダイエットに成功できないのは、心のあり方にある共通点があるから。それがダイエットをこじらせているのだと気がついたのです。

あらためて考えてみると、私自身がダイエットをこじらせていました。

売れないダンサーとしての日々は不安が強く、弱みを人に見せることができず、一人でストレスを抱え込んでいました。満たされない心を、食べてようやく満たしていたのです。自らの行動をコントロールできないという劣等感がさらに不安を強くするという悪循環に陥っていました。

自らの経験を反面教師にあらためてメンタルについての勉強を始め、数多くのダイエットこじらせ女子たちへの指導を重ねることで、こじらせた心をどう解きほぐせばいいかという道すじが見えるようになりました。その頃には私自身が、「ダイエットしなければ」と考えなくても、自然と体型を維持できるようになっていました。

その道すじをプログラムとして体系化。**「食事指導や運動指導から始めない」ダイエットカウンセリングを始めたところ、40年間やせられなかった女性が、3ヵ月でマイナス**

15kgを達成するなど、多くの女性がダイエットを成功させて卒業していくように。それが口コミで広がり、ありがたいことに、いまでは新幹線や飛行機で日本全国から生徒さんが集まるようになりました。

この本では、そのダイエットプログラムの流れを**7つのステップ**で体験できるように公開しています。一気にやろうと頑張りすぎてしまって挫折しやすいのが「ダイエットこじらせさん」なので、**1週間に1プログラムのペース**を目安に無理なく実践してもらえたらと思います。

幸せになれないとダイエットは終わりません。たとえやせて見た目が整ったとしても、心のあり方をこじらせたままだと、永遠にダイエットを続けなければならない。私はそんな女性を数多く見てきました。

この本を手に取ってくださった一人でも多くの方が、ダイエットの悩みから一生解放され、ハッピーに生きられるようになったら、かつて「ダイエットこじらせさん」だった一人として、こんなに嬉しいことはありません。

はじめに――003

こじらせリセットプログラム

01

未来から逆算して目標を立てる

CONTENTS

こじらせリセットプログラム

04

セルフコントロールできる「私」になる

CONTENTS

こじらせリセットプログラム

05

心を満たすコミュニケーションを交わす

こじらせリセットプログラム

06

「私」を満たす習慣を持つ

こじらせリセットプログラム

07

「自分軸」で輝ける人になる

CONTENTS

こじらせリセットプログラム

01

未来から逆算して目標を立てる

「ダイエットこじらせさん」診断

多くの人のダイエット成功を阻んでいる要因。まずは「ダイエットこじらせさん」に共通する心のあり方、思考のパターンとは、どういうものかを確認してみましょう。次の項目で、少しでも当てはまるものがあれば、チェックしてみてください。

□人の誘いを断るのが苦手
□人に嫌なことを言われても、我慢してしまう
□大勢のなかで自分の意見を通すのは苦手
□お願い下手で、つい何でも一人で頑張ってしまう
□他人の評価やどう言われているかが気になる
□他人と比べて自分のダメなところが気になる

□つい物事のマイナス面ばかりに目がいく
□自分はまだまだだな、と思うことが多い
□何事も結果が大事だと思う
□一度決めたら、やり通さないと気が済まない
□100%できなければ、0と同じだと思う
□理想や夢を尋ねられるのが苦痛
□身近な人になぜか優しくできない
□何事もポジティブに捉えなくては、と思う
□感情的になり、自分をコントロールできないことがある

いかがだったでしょうか。あなたにも当てはまるものはありませんか。当てはまるのが1つや2つだけでも、ダイエットをこじらせる要素は十分。当てはまる項目が多いほど、あなたの「ダイエットこじらせ度」は深いということになります。

結論から言うと、私が見てきた多くの**「ダイエットこじらせさん」は、自分よりも他人**

の考えを優先しがちで、自己主張が苦手です。自分のことをつい人と比べて、焦ったり、「ダメだな」と自分を責めてしまったり。それでいて、「こうでなければ」というハードルが高く、完璧主義なため、なかなか自分に満足できません。真面目な頑張り屋さんである分、疲れてストレスを溜めやすくなっています。

これらの項目はそんな思考パターンを表しています。

こうした思考のパターンがなぜダイエットの問題につながるのか。どうしたらこの思考のパターンをリセットして、ダイエット成功へ導くことができるのか。それをこれから見ていきましょう。

「未来の自分」から逆算していますか？

「スキニーパンツを穿《は》けるようになりたい」

「ビキニを着てカレと海に行けるようになりたい」

ダイエットをするとき、誰もが「こうなりたい」「こうしたい」という目標をイメージしていることと思います。成功のために目標設定が非常に重要となるのは、ダイエットに限りません。


ただ、「ダイエットこじらせさん」は、目標設定にも特有のパターンが現れます。

「いままではこうだったから、次もこれくらいが精一杯かな」

そう、過去の延長線上で目標を設定してしまうのです。自分のことを過小評価しがちな「ダイエットこじらせさん」は、目標設定がどうしても遠慮がちになります。

多くの生徒さんを見てきてあらためて思うのは、ダイエットに成功するのは、「私がなりたい〝私〟はこれです！」と、はっきり言えるタイプだということ。

「いえいえ、私なんて……」と**遠慮した目標設定では、心から望むゴールには辿り着けません**。自分がどうなりたいかをごまかしてしまうと、目標がズレてしまい、ニセモノの目標になります。**ゴールに向かって頑張っているつもりでも、それは本当に心の底から望んでいるわけではないニセモノのゴールなので、途中で簡単にあきらめてしまうのです。**

たとえば、清楚かつおとなしめの女性が、「せめてワンピースが可愛く着られるような体型になりたいです」という目標設定をすることがあります。けれどよくよく聞いてみると、憧れの人としてセクシーなハリウッド女優さんの名前が挙がり、「じつはセクシーで大胆なファッションをしてみたい」という願望があることに気づきます。これまで（過去）の自分のキャラクターを考えて、似合わないと決めつけていたのです。

セクシーなハリウッドセレブみたいになりたいというベクトルと、ワンピースを可愛く着たいというベクトルには、方向性にかなりのズレがあります。

ニセモノの目標設定では、心から望むゴールに辿り着けない。

目標の方向性にズレがあり、心から欲しいものがあるのにそこを目指さないと、テンションも上がりませんし、モチベーションも保てません。真の願望にフタをかぶせて見て見ぬ振りをしていると、結果、ダイエットも中途半端に終わりがちなのです。

このこじらせた思考パターンを解きほぐすために大切なのは、**「手が届きそうだから」という過去の延長線上で目標設定をするのではなく、心からなりたい未来の「私」を思い描くこと**です。

心から望む未来が具体的に思い描けた瞬間、行動は一気に加速します。ゴールを心から望む自画像に設定できると、そこに近づいていく過程に一体何が必要なのか、具体的に見えてくるからです。

こんな生徒さんがいました。

Iさん（30代・会社員）は、結婚して8年目。子どもはなく夫と2人暮らし。最初は、ダイエットの目標として「夫には、体型を指摘されてばかり。愛情も感じないのでダイエットに成功して、自分に自信をつけて離婚したいんです」とおっしゃっていました。けれど、本当に思い描く未来から目標を立て直してみると、「本当は、また女性として見てもらえる自分になりたい。うまくいかないから目を背けないで、向き合いたい」と方向性がガラリと変わりました。「一度うまくいかなくなってしまった」という過去にとらわれる必要がないと気づき、方向性を変えた途端、3ヵ月でダイエットに成功。もう一度夫婦関係を見つめ直し、体型だけでなく夫との絆《きずな》も取り戻しました。

また、Hさん（30代・会社員）は、「長く付き合って、結婚まで考えていたカレに振られてしまいました。やせてキレイになって見返したい」とおっしゃっていました。結婚したいのに、これまでの自分のままでは、新しい出会いもないだろう、と思いつめている様子でした。

この方も、あらためて「本当に思い描いている未来は？」と自分に問いかけたところ、「いま本当にしたいのは結婚ではない。じつは起業したかった」と、目標のベクトルがまったく変わってしまったのです。そこから小さなPR会社を立ち上げる準備をしているうちに、ダイエットにも成功していました。会社を軌道に乗せ、バリバリ仕事をするうちに出会った男性と結婚。子どもを授かって、いまでは働くお母さんになっています。

過去でも現実でもなく、未来から逆算すると、過去の実績から外れた現実的ではない、高すぎる目標設定になって失敗するのではないか。そう心配する人もいるでしょう。

けれど、**もっとも大事なのは、高い、低いといった目標設定のレベルの高低ではなく、目指したい未来の方向性なのです。**

未来志向で目標設定をするポイント

それではさっそく未来志向で目標を設定する練習をしてみましょう。といっても、いきなりは無理……という「ダイエットこじらせさん」のために、「未来志向」になるための3つのポイント——心構えをお伝えします。

《ポイント1》できるかどうか、なれるかどうかを不安に思わない

変化を恐れるのは、私たち人間の本能のようなものです。

いったん目標設定をしたものの、不安が高まりすぎて、「その目標、やっぱりやめておきます」と取り下げようとする生徒さんもいます。けれど、現状を変える際、不安は誰の心にも生じる心理的な抵抗です。「これならできそうだからやります」と、**過去の延長線上でハードルの低い目標を立てて満足しても、自分を変えることはできません。**

たとえ不安な気持ちになったとしても、それは過去にとらわれすぎてしまい、まだ見ぬ未来の可能性を知らないだけ。その目標を咎める人は誰もいません。いったんその不安は横に置いて、心から「なりたい」と思える自分はどんな姿か、自分に問いかけます。**「できる」「できない」ではなく、「やりたい」「やりたくない」で判断するクセをつけます。**

《ポイント2》「他人軸」ではなく、「自分軸」で決める

「ダイエットこじらせさん」はどうしても、他人の目を気にして物事を判断する傾向があります。「こんなことをしたら浮いてしまうのでは」「こうした方があの人に喜んでもらえるのでは」というのは、他人に基準を置いた「他人軸」な思考パターン。**目標設定するときは、「他人軸」から「自分軸」へとスイッチします。**

たとえば「キレイになる」という目標を立てるなら、他人から「キレイ！」とほめられることではなくて、自分自身で素直に「私、キレイになった！」と思えるように目標を立ててみてほしいのです。「他人軸」から「自分軸」へとスイッチすると、目標はこんなふうに変わります。

《「他人軸」から「自分軸」へのスイッチ例》

他人軸―みんながアッと驚く「私」になる　⇓　自分軸―10kgやせる

他人軸―モテモテになる　⇓　自分軸―3人の素敵な男性と出会う

「みんながアッと驚く『私』になる」という「他人軸」の目標を設定したとします。どれくらい変わったら周囲が驚くかは、「私」にはコントロールできません。すると、どこまでやせたら達成できるかが見えず、ダイエットに終わりがなくなってしまいます。

事実、私のスクールに来る前に、18kg減という驚きのダイエットに成功したことがあったのに、職場の誰にも気づいてもらえないままリバウンドしてしまった、という経験を持つ「ダイエットこじらせさん」がいました。

体型に敏感すぎるモデル業界なら、わずか1kgの変化でも互いに気づいてライバル心バシバシで「ひょっとしてやせた?」「もしかして太った?」と言い合うかもしれません。けれど他人の体型にそこまで敏感ではない職場で、しかも普段から周囲と活発なコミュニケーションが交わせていないと、18kgやせても気づいてもらえない、という悲しい事態が起こりえます。

その生徒さんは、今度は「自分軸」で「10kgやせて、日々笑顔で過ごす」という目標を立てました。だからこそまわりから気づいてもらえなくても、めげないでダイエットに成功し、卒業することができました。もしも「みんながアッと驚く体型になる」という目標で、やせてもまわりがノーリアクションだったら、またダイエットから脱落していたでしょう。

「モテモテになる」という「他人軸」の目標を立てた場合も考えてみましょう。やせてキレイになったとしても、男性サイドからアプローチがあるかどうかの保証はどこにもありません。一体どんな状態になったら「モテモテ」と言えるのかも曖昧です。

けれど、「自分軸」で「素敵な男性と出会うために、3人の男性と連絡先を交換する」という目標を立てられたら、「これはクリアしたぞ」という判断が自分基準でできます。

「他人軸」な思考のクセを身につけてしまっている「ダイエットこじらせさん」が多いのは、小さい頃から知らず知らずのうちに「親や先生にほめてもらえるか」「友達に認めてもらえるか」が、選択の判断基準になっている女性が多いから。

この思考パターンを心理学では「承認欲求」と呼びます。

承認欲求とは、他人から認められたい、自らを価値のある存在だと認めてもらいたいという気持ち。承認欲求は誰にでも少なからずあるものですが、強すぎると何かを選択するときに「私」はどう思うか、という視点がすっぽり抜け落ちてしまいます。

「自分軸」で目標設定できると、振り返ったときに「達成できた」と○印がつけられます。ところが、「他人軸」の目標設定だとそれは不可能です。他人があなたの成果をどう捉えるかはコントロールできないからです。自分で「○印がつけられる目標かどうか」を基準に考えてみます。

《ポイント3》なりたい「私」を具体的にイメージする

目標はなるべく具体的にイメージします。私のスクールの生徒さんには、Ａ４サイズの用紙を渡して、なりたい「私」を具体的にイメージできるビジュアルシートを作ってもらっています。

まずは、憧れの体型の持ち主の写真を切り抜いてスクラップします。モデルさん、女優さん、海外セレブなど、誰でも自由。インターネットで検索した画像や、雑誌の切り抜きなど、なんでもOKです。

ネットの画像検索は手軽で便利ですが、おすすめは雑誌。ページをめくっているうちに思いもしなかった体型に惹かれている新たな自分の発見につながるケースもあるからです。

憧れの体型だけではありません。その体型になったら着てみたいファッション、住んでみたい部屋、訪れたい場所、飼ってみたいペットなどの写真も貼ります。ダイエットに成功した後のライフスタイルをできるだけ明確にイメージできるようにするのです。

こうやって作ったビジュアルシートを日常的に見直していると、無意識のレベルで目標が脳にインプットされ、目指す方向性にブレがなくなります。

ダイエットに成功しやすいのは、スクラップの仕方が上手か下手かにこだわらないで、楽しみながら貼れる人。「この写真、可愛いから、貼っちゃおう!」という軽いノリでサッと取り組める人は、目標を達成しやすい傾向があります。ダイエットにも、楽しみながら向き合えるからです。

「ダイエットこじらせさん」は、何かに取り組もうとすると100%の完成度を求める傾向があります。そうすると「もっとイメージに近いものを探さねば！」とこだわりすぎて素材探しがなかなか終わらなかったり、センス良くデザインして貼りたいと完璧を求めるあまり、いつまで経っても1枚も貼れなかったりします。

後になって、もっと「私」にぴったりのイメージが見つかった、見たTVや映画の影響でファッションやインテリアの趣味が変わった、ということがあれば、目標設定は途中で何回変更してもOK。**すべては「自分軸」だということを思い出してください。**初めから完璧を求めずに、臨機応変でいいのです。

後から変更してもいいから、アクションは素早く！　これが「ダイエットこじらせさん」が、目指すゴールに早く辿り着くコツです。

それではいよいよ、ここまでのポイントを踏まえながら、未来の自分のイメージを「自分軸」で具体的に言葉にしてみます。何度も言いますが大事なのは、考えすぎずにサクサクと書くことです。あくまでも軽いノリでサッと取り組んでみてください。

なりたい「私」になるワークシート

記入日：（　　　　　）年（　　　）月（　　　）日

Q1 どんな自分になりたいですか？ 体型のことだけでなく、広い視野で書きましょう。

ex. 自分に自信があり、やりたいことにアクティブにチャレンジできる。
自分を好きになり、心にゆとりを持って家族に優しくできる。

Q2 1に書いたことを望んでいる理由はなぜですか？

ex. いつも人と比べてしまい、落ち込む自分をやめたい。
女性としての人生をもっと楽しみたいから。

Q3 理想の自分になると、まわりの環境や毎日の気分はどのように変化しますか？

ex. 男性から丁寧に接してもらえるようになる。
機嫌よく過ごせる日が増える。

なりたい「私」になるワークシート

記入日：(　　　　　)年(　　　)月(　　　)日

Q4 なりたい「私」に必要なことは何ですか？

環境　ex. 部屋の片付け。
落ち着いた街に引っ越す。

人間関係　ex. カレができる。
家族の仲が良い。

健康　ex. 毎朝すっきり目覚められるようになる。

ファッション　ex. スキニーパンツを穿けるようになる。

*「私」を構成しているのは体型だけではなく、体型のみでは「私」の未来は語れません。意外な要素が思考パターンをコントロールしている可能性もあります。最初から全部埋められなくてもOKです。かまえすぎずに書きやすいところから始めてみてください。

お金 ex. 500万円貯金する。
お金の管理への苦手意識を克服する。

仕事 ex. 転職する。
残業せず、サクッと帰宅できるようになる。

体型 ex. ウエストにくびれができる。
美しい姿勢になる。

楽しみ ex. 年に1回海外旅行に行く。
楽しめる趣味を見つける。

なりたい「私」になるワークシート

記入日：(　　　　　　)年(　　　　)月(　　　　)日

Q5 ビジュアルシート：
なりたい「私」のイメージを自由に貼りましょう。

達成目標日：(　　　　　　　　)年(　　　　)月(　　　　)日

行動プランを決めてアクション開始！

未来志向で目標を立てたら、その目標に向かって実現することを逆算していきます。いきなり明日10kgやせることはできませんが、1年後の私は？　半年後の私は？　3ヵ月後の私は？……と、「私の姿」を未来から少しずつ逆算していくと、イメージしやすくなります。

大事なのは、目標とあわせて**イメージする未来の自分のためにできる「行動」を考えること。行動を変えなければ、カラダは変わらないからです。**

その際のコツは、「お菓子を食べない」「夜食を取らない」というような「○○をしない」という否定形を使わないことです。「間食がしたくなったら、いったんお茶を飲む」とか「夜食用に無添加の低カロリースープを用意する」といった具合に**「○○をする」と**

いう肯定形で行動プランを立てるようにします。

人間は「〇〇をしない」と言った瞬間、「〇〇をする」ところを想像します。「お菓子を食べない」という行動プランを立てると、「お菓子を食べる」というシーンが一度頭に浮かびます。それではお菓子を食べたい気持ちを抑えるのに苦労します。「お菓子を食べない」という行動プランは、「間食がしたくなったら、お菓子の代わりになる素焼きミックスナッツを食べる」といった肯定系の行動プランに変えた方が、やせる習慣が身につきやすくなります。

あるいは、寝る前にスマホで長時間ゲームするのがやめられず、寝不足になり、食事に手をかけない自分が嫌になっている人が、「スマホでだらだらゲームをしない」という否定形の行動プランを立てたくなったとします。

この場合、「家に帰ったら、スマホはリビングの決まった場所に置く」という肯定系の行動プランに変えます。すると寝る前にはスマホが手から離れるので、だらだらとゲームをする悪い習慣がなくなります。浮いた時間で栄養価の高いおかずの作り置きをしたり、ちょっとしたエクササイズをしたり、といったやせるための工夫ができるようになります。

プラン逆算のコツは、数値化&期日を決めること

目標をより具体的に〝見える化〟するために有効な手段が数値化です。脳に具体的なイメージをインプットしやすくなり、無意識のレベルでも行動が加速します。

立てやすいのは、「10kgやせる」「体脂肪率を20%にする」といった体重や体脂肪率の数値目標です。

洋服のサイズを目安にするとやる気が高まるタイプの人もいるかもしれません。ただ、「Lサイズからサイズになる」では曖昧で、まだ具体的な目標ではありません。ブランドによってS、M、Lのサイズ感に違いがあるからです。サイズなら「○○○（ブランド名）の服のMサイズが着こなせるようになる」「○○○（ブランド名）のデニムの27インチが穿けるようになる」といった具合に、なるべく具体的に設定をしていきます。

数値化を終えたら、それを達成するまでの期日を決めます。

ダイエットは初めのうちほどやる気が高いので、「1ヵ月で10kgやせる!」といった期日設定をしがちです。「100%できなかったら0と同じ」と考えがちな「ダイエットこじらせさん」は、クリアできないとすぐ「やはりダメだった」と、やる気を失ってしまいます。

期日設定も後から変更可能と考えましょう。取り組むうちに、なんとなく「1ヵ月で10kgやせる!」のはさすがに難しそうだとわかってきたら、達成までに要するゴールを延長するか、あるいは目標のハードルを下げてもOK、くらいの気持ちでスタートします。

ワークシートはいずれも「一回記入してしまったから変更不可」と思い込む必要はありません。この先のページを読み進めてみて、気づいたり学んだことがあれば、その都度それを生かしてどう行動に移すか考えて、修正したり書き足したりしてみてください。**一度立てた目標に執着せず、軌道修正上手を目指します。**

記入日：（　　　　　）年（　　　）月（　　　）日

Q6 未来の自分のために、いつまでに何をしますか？行動プランを立ててみましょう。

*具体的な日にちを書き込むことで、それがGWや夏休みなどの長期休み、自分の誕生日やクリスマスといったイベントごとに当たったり、そうでなくても春夏秋冬の季節が設定されるので、目指す目標をよりイメージしやすくなります。

*記入例に関しては、私の生徒さんの目標シート（48ページ、68ページ、92ページ、112ページ、134ページ）も参考にしてみてください。

*体重はあくまでも目安として考え、体脂肪率に着目した目標設定が大切です。ダイエットスクールでは、体脂肪率の目安として以下のようにお伝えしています。目安は女性の場合で記載しています。男性は記載の数値から−5％で把握してください。

太ることを気にせず食事を楽しめるカラダになりたい⇒22％以下
配慮すれば太らずに生活できるカラダになりたい⇒27％以下
*体脂肪率は高ければ高いほど、さらに増えやすくなる性質があります。30％を越えるとその加速度が一気に上がりますので、現在その数値を越えている人は、いったん30％を切るまで、のんびりしすぎず集中して取り組むことをおすすめしています。

1年後の私

（　　　　　）年　（　　　）月　（　　　）日

体重（　　　　　）kg　体脂肪率（　　　　　）％

半年後の私

(　　　　　　　　　　)年　(　　　　　　)月　(　　　　　　)日

体重(　　　　　　　　　)kg　　体脂肪率(　　　　　　　　　)%

3ヵ月後の私

(　　　　　　　　　　)年　(　　　　　　)月　(　　　　　　)日

体重(　　　　　　　　　)kg　　体脂肪率(　　　　　　　　　)%

「0か100か」の思考を変える

●体型が原因でカレに振られてしまったYさん（30代・会社員）

Yさんは身長162㎝で体重は64kg。教育関係のオフィスで受付の仕事をしていました。

彼女にはお付き合いして1年のカレがいました。

カレからいつも「もっとやせて。ダイエットして」と言われていたYさん。彼女なりに頑張っていたのですが、カレからのプレッシャーがストレスになり、かえって食べすぎてしまっては、デート前に慌てて断食。必死で帳尻合わせをするようなつらい日々を送っていました。

結局、やせられなかった彼女は、カレに振られてしまいます。

失恋はもちろんショックでしたが、好きな人に望まれたのに食生活が節制できなかったという事実もショックでした。

「こんな私では誰からも選んでもらえないし、この体型のままでは婚期を逃してしまうかもしれない！」という危機感を持ち、ダイエットを決意。関西から飛行機で2週間に1回、教室に通ってきてくださいました。

Yさんは、ゆくゆくは子どもがほしいと思っていました。年齢を考えると残された時間はあまりない、という焦りも抱えていました。

Yさんが太った背景にあったのは、「0か100か」という完璧主義です。「100%できないんだったら0と同じ」と、何事にも完璧さを求めると、ストレスが溜まります。このストレスによって食欲コントロールが難しくなります。

彼女が完璧主義に陥った一因は、お母さんが典型的な良妻賢母タイプだったことにありました。何でも完璧にこなすお母さんをロールモデルにしていたため、自分も何事も完璧にこなさないといけない、という刷り込みを抱えていたのです。

受付の仕事を始める際、彼女は上司から「昼食は受付のデスクで取ってください」と言われました。一人で受付を担当していたので、離席すると受付が無人になるからでしょう。

この上司の言いつけは社会的な常識に反しています。ランチタイムは与えられるべき時間ですから、休憩時間に食事を済ませればいい話です。

けれどYさんは完璧主義なうえに、思いを他人に伝えられない性格。「デスクで食べられないならランチは食べられない」と思い込み、上司の理不尽な言いつけを頑なに守り、用意したおにぎりをこそこそ隠れるように食べる毎日でした。

こんな生活を続けていたら、誰だってストレスが溜まります。その反動から、帰宅後は食べすぎを繰り返していたのです。

食べる以外の彼女のストレス発散法は買い物。ネット通販で洋服を買い、モヤモヤした気持ちを発散させていました。

やせようと試みてダイエット食品を買うこともあるのですが、いつも三日坊主。1日1食を置き換えるダイエット食品も、ハードルを勝手に上げて「1日3

食全部置き換えたら、もっとやせられるはず」と極端に考えてしまった挙げ句、辛すぎて続かないのです。

カウンセリングを踏まえてYさんは48ページのような目標を立てました。

半年後に「いまの仕事を続けるか。じっくり考えて答えを出す」という目標を挙げたのは、いずれ海外で仕事をしたいという願いがあったから。彼女は留学先で日本語教師を務めていた経験もあります。教育分野に関わりたいので、日本でも教育関連の会社で受付をしていたのです。

まずは会社と交渉してランチタイムに休憩をもらい、昼食を取ることを承諾してもらいました。会社側も「受付から一時も動くな!」というつもりはなく、「できるだけ受付にいてほしい」という意味で「ご飯も受付で食べてください」とお願いしていたようです。

それからはお母さんが作ってくれたヘルシーなお弁当を持参。食事絡みのスト

Yさんの立てた目標

1年後の私（GW頃）　体重54kg　体脂肪率24%

- 自分らしくいられるカレと結婚する
- 結婚式ではいちばん着たいと思うドレスを選ぶ
- 気持ちにゆとりを持ってコミュニケーションが取れている
- 仕事とプライベートのバランスが取れている
- 健康的な食事が習慣になり、パートナーの健康管理もサポートできる

半年後の私（年末頃）　体重55kg　体脂肪率26%

- 結婚を前提にお付き合いしているカレと順調に交際中
- 自信を持ってお洒落もデートも楽しむ（ニットもすっきり着こなせる）
- 感情を相手にうまく伝えられるようになっている
- いまの仕事を続けるか。じっくり考えて答えを出す
- 年末年始も太らずに体型を調整できている

3ヵ月後の私（夏の終わり）　体重57kg　体脂肪率28%

- 結婚を考えられる男性に出会って交際がスタートする
- ダイエットの目標をクリアして自分を好きになれている
- 感情のコントロールができるようになっている
- 仕事でストレスがあっても上手に発散できる自分に成長
- 食生活が改善されて、健康的な食事が当たり前になる

レスが減り、無駄なものを食べなくなりました。

ネット通販で買った着ない洋服も思い切って処分。心も軽くなりました。


Yさんの行動が変わったのは、「0か100か」という完璧主義が、自分を苦しめていたことに気づいてからです。行動目標のハードルを下げるように意識できるようになったことで、以前なら「100点満点でこなせないとダメ！」だったのが、「50点でもOK！」と思えるようになりました。

ハードルを下げると決めた自分との約束が守れるようになり、自信がつきました。自己肯定感も高まり、体型が変わる前に、行動が積極的に変わりました。そしてダイエットを始めてすぐに友人の紹介で男性と知り合い、結婚を前提にお付き合いを始めました。

やせないとカレができないと思い込んでいたのに、やせる前に自分を認めてくれるカレと出会い、自信を持ってコミュニケーションが取れるようになりました。だから、付き合い始めたカレにも「早く結婚して、子どもがほしい」と率直に言えるようになったのです。

体重は3ヵ月で7kg、半年後には9kg減量。その後も維持できました。

2人はゴールイン。結婚式では、いちばん着たいと思ったドレスが選べました。

Yさんはいま2児の母。妊娠中に体重が増えたときも、一度やせられた経験が「産後もまた自分で体型を戻せる」という安心につながったそうです。子どもが大きくなったら、語学や教育に関わる仕事をしたい。そんな夢を描いています。

こじらせリセットプログラム

02

ネガティブ感情を味方につける

ストレスに対する向き合い方を知る

「ストレスがあって食べすぎてしまいました」
「毎日が忙しくて、ダイエットどころではありませんでした」

こんな言葉がつい出てしまうのが、「ダイエットこじらせさん」の特徴です。「ダイエットこじらせさん」はどうしても、落ち込みやすく、ストレスに負けやすい。**ほかの人だったら受け流してしまうようなことでも、真面目なために大きく受け止めてしまうからです。**

ストレスや忙しさによって時間や心に余裕がなくなると、ダイエット成功は難しくなります。

せっかく未来の自分をイメージして、行動プランを立てたとしても、それを実践する際に、ストレスや忙しさが目に見えない高い壁として立ちはだかるのです。「今度こそ頑張ってキレイになるぞ！」というキラキラした感情だけでは、ストレスや忙しさは乗り越えられません。

とはいえ、**社会の中で生きている以上、どんな人もストレスをゼロにすることはできません。だからこそ、ダイエットを始める前に、ストレスや日々の忙しさに対する向き合い方を知っておく必要があるのです。**

大事なのは、「ネガティブ感情」との付き合い方です。

ネガティブ感情の正体とは？

あなたは「ネガティブ感情」という言葉を聞いて、どんなイメージが湧きますか？ネガティブ感情とは、ストレス、悩み、不安といったマイナスな気持ち。そう聞くと、それこそネガティブなイメージしか持てないでしょう。

私たちは感情を「ネガティブ」と「ポジティブ」、2つに分けて捉えがちです。けれど両者は、1枚のコインの表裏のようなもの。別々のものではなく、どちらもありのままの「私」です。

ネガティブ感情もポジティブ感情も、ありのままに感じるところからスタート。**ネガティブ感情が悪くて、ポジティブ感情が良い、という評価は下しません。ありのままの自分の内面に関心を持つのが第一歩です。**

「ダイエット中なのにお菓子を食べちゃった」

「私ってだらしない。やっぱりダメじゃん」

こうしたネガティブ感情には、見逃せない側面があります。「こうなりたい」「こうしたい」という「私」の願望の裏返しなのです。

ネガティブ感情と向き合うことは、自分をよりよく知る貴重なきっかけとなります。

「私」を知る材料になってくれるのですから、ネガティブ感情にマイナスなイメージだけを持って敬遠するのではなく、そういう感情が湧いてきたという事実をそのまま受け止めるようにしてください。ありのままの自分と向き合えるようになります。

ネガティブ感情の正体を知らないと、「いつも落ち込むのは性格のせい」だとか「精神的に弱いからクヨクヨ悩むんだ」と自分を責めがちになります。

でも、それはあなたのせいではなく、ネガティブ感情の性質から発生したもの。

ネガティブ感情には、次の3つの性質があるのです。

❶ 溜《た》めておくと、どんどん膨《ふく》らむ（ダイエット中なのにお菓子を食べちゃった）

❷ 考えすぎると、行動が止まる（私ってだらしない。やっぱりダメじゃん）

❸ 行動が止まると、さらに悩みや不安が大きくなる（何だかイライラしてばかりの自分にうんざり）

一人でああでもない、こうでもないと悩んでいると、ネガティブ感情は勝手に溜まる一方です。膨らみすぎたネガティブ感情に圧倒されてあれこれ考えすぎてしまうと、前向きなアクションが何も起こせなくなります。

行動が止まると「せっかく頑張ろうと決めたのに、結局また何もできなかった」と別のネガティブ感情が湧き上がってきます。これでは悪循環です。

「ダイエットこじらせさん」は真面目なので、余計に自分を責めて落ち込んで、ダイエットをあきらめがちです。

どんなに普段は元気で明るい人でも、ネガティブ感情を抱えているときは、この3つの性質に振り回されてしまいます。それを知識として知っておくことは、ネガティブ感情を味方につける第一歩です。

ネガティブ感情を味方につける3つのステップ

ネガティブ感情の性質を知識として理解したら、次のステップに進みます。**ネガティブ感情を味方につける方法を身につけます。**それには次の3つのステップがあります。

ステップ1　**悩みや不安をアウトプットする**
ステップ2　**願望を見つける**
ステップ3　**行動できるものからやってみる**

周囲に愚痴や不満をまき散らして発散できるタイプは、ネガティブ感情を抱え込まないのである意味健全と言えます。ダイエットを深刻にこじらせてしまうのは、感情を素直に吐露できない、いわゆる〝いい人〟です。
そこで**ステップ1では、自分に生じているネガティブ感情をアウトプットします**。内部に溜めたままで放っておくと膨らむのがネガティブ感情の性質ですから、紙に書き出して〝見える化〟するのです。

ネガティブ感情を〝見える化〟すると、一足飛びにそれを解消するには何が必要かを考えたくなります。

でも、先走らないでください。じつはステップ2の作業が大事です。

ステップ1で「お菓子がどうしても我慢できない」というネガティブ感情をアウトプットしたとします。それに対して「お菓子を絶対我慢する」という解決策を立てるのは、まだハードルが高すぎます。

それに「お菓子がどうしても我慢できない」というネガティブ感情を持ったままだと、何か新しいアクションを起こすモチベーションが高まりません。


ステップ1の〝見える化〟でネガティブ感情からのメッセージを受け止めたら、**ステッ**

ネガティブ感情は「なりたい私」の裏返し。

プ2では本当の願望は一体何かを見つけていきます。

すでにお話ししたように、ネガティブ感情は自らの隠れた願望を知る手がかりです。そこでネガティブ感情を無意識からのメッセージと捉えて、しっかり受け止めます。

ダイエットのストレスや悩み、そこから生じるネガティブ感情の多くは、「頑張りたいのに、頑張れなかった」といった理想と現実のギャップから生じます。

そこで「求めていることと何が違っていたから、ストレスを感じるの？」と自分に優しく質問してみます。

「我慢できなくて、お菓子を食べちゃっ

た」というネガティブ感情を抱いている人は、逆に言うなら、「我慢してお菓子を食べすぎたくない」という願望があります。

「好きに食べるのが、私の生きる道。チョコにアイス、何でもウェルカム」と思っているとしたら、「食べすぎてしまった」というネガティブ感情を持つわけがありません。

あるいは「私ってだらしない」というネガティブ感情を持っている人は、逆に言うなら「ちゃんとしたい」という願望があるのです。


ステップ1で「お菓子がどうしても我慢できない」というネガティブ感情を書き出していたら、「私は『お菓子を我慢したい』という願望を持っている」「私はお菓子がなくても優雅なティータイムを楽しめる自分でありたいと思っている」とポジティブ感情に転換します。これならモチベーションは下がりません。

同じように「食欲のコントロールができない」という悩みを抱いている人には、「食欲がコントロールできる自分でいたい」という願望があります。

あるいは「忙しくて食事に手がかけられない」という悩みがある人には、「余裕を持って行動できる人間になりたい」という願望が隠れています。

ステップ3では、ステップ2で見つけた願望を解決する方法を考えます。とびきりの解決策が見つけられなくても、できそうなものから書き出してみるのです。

先ほどの「お菓子を我慢したい」という願望なら、「どんなお菓子を食べているか、メモをする」という行動が解決の第一歩として考えられます。

この段階では、お菓子を我慢する必要はありません。ただ何を食べているかを記録するだけでOK。それも、最初から「1ヵ月メモをする」と決めるとハードルが高すぎて、完璧主義な「ダイエットこじらせさん」は、かえってくじけてしまいます。初めは「3日間メモする」くらいの軽い気持ちでいいでしょう。3日坊主も3回ほどくり返せば、自分の傾向を知るのに十分な記録を取ることができます。

同様に、「食欲がコントロールできる自分でいたい」という願望なら、「どんなときに食欲が湧いてくるかをメモする」というのが解決の第一歩として考えられます。あるいは「余裕を持って行動できる人間になりたい」という願望なら、「何に時間を使っているかを書き出してみる」という行動プランが出てくるかもしれません。

実際、私の生徒さんにも、「お菓子を我慢したい」という願望が見つかり、どんなお菓子を食べているかをメモし始めた方がいらっしゃいました。

一緒にメモを見ながら話していると、その方は「もったいないですよね。たいした栄養もないのに」とポツリとおっしゃいました。

私が「どうしてそう思うのですか?」と聞いてみると、「もっと栄養があり、ヘルシーなものを食べるためにお金をかけたいのです」という答えが返ってきました。アウトプットしてメモを見直したおかげで、「お菓子を我慢したい」という欲望には、「もっといいものを食べるためにお金を使いたい」という願望が隠れていると気づかされたのです。

いずれにしても私の生徒さんの例のように、自分で願望と解決のための第一歩を見つけるのがベスト。**他人から押しつけられた行動プランは長続きしませんが、自ら見つけて主体的に決めた行動プランは継続しようと思えるからです。**

次のワークで、ネガティブ感情を〝見える化〟して、味方につけましょう。

ネガティブ感情を味方につけるワークシート

記入日：（　　　　　）年（　　　）月（　　　）日

ステップ 1　悩みや不安をアウトプットする

ex. 食欲のコントロールができない。

ステップ 2　そこから願望を見つける

ex. 食欲のコントロールができる「私」になりたい。

ステップ 3　行動できるものからやってみる

ex. どんなときに食欲が湧いてくるかをメモしてみる。

「他人軸」で流されている生き方を「自分軸」にスイッチする

●自分に自信が持てない万年ダイエッターのKさん（20代・歯科衛生士）

Kさんは身長153㎝、56㎏。明らかに太っている感じではありませんが、体脂肪率が30％で筋肉が少ない隠れ肥満に陥っていました。

仕事は歯科衛生士。実家暮らしの一人っ子であり、朝食も夕食も同居しているお母さんが作ってくれる楽チンな生活を送っていました。

作ってもらっているという引け目もあり、とくに希望することもなく、揚げ物が出てきたら揚げ物、カレーが出てきたらカレーを食べるという生活を送っていたのですが、気づくと体重が増えていました。作ってもらっているので、満腹になっても残さず食べる習慣が災いに。おうちご飯＝ヘルシー&低カロリーとは限らないのです。

性格的に意思表示をするのが苦手であり、断ることも苦手。街角で配られるポケットティッシュも断れずに、不要なのに自宅に山積みにしてしまうようなタイプでした。

Ｋさんが太ったもう一つの理由は、勤務先の歯科医院が女性社会だから。患者さんからのいただき物のお菓子が休憩室につねにあり、自分だけ「ダイエット中なのでパスします！」と言い出しにくい環境。ランチ場所も自己主張し辛く、多数決で決まったところで不本意ながら食べる日々が続いていたのです。

休暇も、同じ歯科衛生士の友人から「Ｋさんも行くよね？」と誘われると女子旅を断れず、北海道、沖縄、韓国……とあちこち出かけます。そう聞くとリア充に思えますが、本人はとくに行きたいわけではないので、心は満たされません。

歯科衛生士という仕事もキャリアアップがなかなか難しい立場。親から「手に職をつけるなら、歯科衛生士がいいよ」と言われてスタートしたキャリアなので、Ｋさん本人にも明確な未来予想図が描けているわけではありません。「他人軸」で選んだ仕事だったのです。

実家暮らしのKさんは住居費がかからない分、ダイエットにお金をかける経済的な余裕がありました。そこでKさんがまず頼ったのはエステ。高額の契約を交わしますが、思ったような成果が出なくてガッカリすることが少なくありませんでした。

エステではやせられない。そう思ったKさんが次に向かったのは、EMSトレーニングのスポーツジム。筋肉に電気を流し、通常の何倍ものトレーニング効果が得られるというのが謳い文句です。「これなら簡単にやせられるはず」と思いましたが、ハードな運動が苦手だったKさんには、なかなかの苦行。ほどなくジムも退会してしまい、かかったお金に値する成果は得られず、万年ダイエッターを卒業できないでいました。

Kさんには付き合っているカレがいました。大学時代のテニスサークルの3つ上の先輩です。かれこれ5年続いていたのですが、お互いに同棲や結婚といった明確なビジョンがないゆる〜い関係でした。

なんとなく流されて生きている人生を、自らが主導して仕事も恋愛も楽しめるように変えてみたい。そのために実家を出て一人暮らしをして、カレとの関係も見直したい。そういう思いを抱えてKさんはダイエットに取り組みました。


そんなKさんが立てた目標は68ページの通りです。


Kさんのダイエットには、実家のお母さんも協力してくれました。彼女のために夜は魚介類、豆料理中心にしてもらい、ご飯やパンなどの糖質は控えめにしました。

ダイエットと並行して取り組んだのは、「他人軸」ではなく「自分軸」で生きること。断る勇気とリクエストする技を身につけたので、いただき物のお菓子を自分だけパスしたり、ダイエット中に避けたいランチ場所は誘われても「お一人様DAYにします!」と笑顔で断ったりできるようになりました。

こうした工夫で彼女は3ヵ月後には予定通りの6kg減量に成功。自信がついた

Kさんが立てた目標

1年後（春）　体重46kg　体脂肪率22%

- 恋愛も仕事も、自信を持って楽しめている
- 実家を出て、一人暮らしをしている
- 自分にとって大事な人を見極めて、身近な人を大切にしている
- お金も体型も、ストレスフリーで自己管理できている
- 定時で帰宅して、アフター5で趣味や運動を楽しんでいる

半年後（秋）　体重48kg　体脂肪率23%

- 人目を気にせず、自分の意志で何でも選べるようになっている
- 一人暮らしで住みたい場所をリサーチ開始！
- NOが言えるようになり、不要な付き合いが減る
- お金を管理する知識が身につき、毎月3万円貯金できている
- いつか行きたかった伊勢神宮に一人旅ができている
- 仕事を効率的にこなし、帰宅時間が1時間早くなる

3ヵ月後（夏）　体重50kg　体脂肪率25%

- 誕生日までに、いまのカレとの関係に決着をつける
- 一人暮らしにかかる費用を把握。それに向けて貯金を始める
- 6kgやせるというダイエットの目標をクリアして自信をつける
- お金と食事の記録を習慣化し、どちらも無駄をなくす
- 自分でなくてもできる仕事は、ほかの人に頼めるようになる

彼女は、自分からカレに別れを切り出し、将来の見えない恋愛に終止符を打ちました。

加えて生活パターンや使ったお金の記録もスタート（82ページで説明します）。「他人軸」で流されているタイプの人には、何にどれくらいの時間とお金を費やしているかという意識が希薄になりがちで、時間もお金も浪費しているケースが多いからです。

時間とお金の流れを〝見える化〟して無駄を省いたKさんは、お給料を貯めたおかげで経済的なゆとりができて、半年後には実家を出て一人暮らしを始めます。お付き合い旅行もきっちり断れるようになり、長年行きたかった伊勢神宮へと一人旅を満喫。

先輩たちに遠慮して先に帰れなかったのに、「自分軸」に切り替えてからは、担当している仕事が終わったら「お先に失礼します！」と先に帰れるようになり、平日にも余裕が生まれました。そこで以前から興味があったヨガ教室に通い始め、心地良い汗を流してリラックスするのが日課になります。ヨガ教室に通い始めた頃から表情も穏やかになり、体型もさらにシェイプアップ。伊勢神宮に参拝したご利益かのように、ヨガ教室で知り合った友人から紹介された3歳年下の新しいカレができて充実した生活を送っています。

こじらせリセットプログラム

03

必要のない
ストレスを手放す

コントロールできるストレスとできないストレスを区別する

ストレスのない人はいませんが、**正体のわからないストレスを抱えたままダイエットをスタートさせても、残念ながら成功はしません。**無意識に食べてストレスを発散しようとしてしまうからです。

ダイエットのためには、ストレスを解消しておくことが肝心。ただ、**不要なストレスを〝自作自演〟で作り出して悩みがちなのも、「ダイエットこじらせさん」の特徴です。**悩む必要のないストレスにダイエットの邪魔をされるのは、もったいないですね。

そこで、**一生懸命悩む前にまず、そのストレスは果たしてコントロールできるものなのか、それともできないものなのかを区別する習慣をつけます。**

コントロールできないものにストレスを感じて悶々としても、それを解決する手段は見つかりません。**コントロールできることにフォーカスして行動に移すと、不要なストレスが手放せて、気持ちがふっと軽くなります。**

コントロールできない典型例はお天気です。

梅雨に雨がしとしと降るたびにうんざりしたとしても、どんな人にもお天気はコントロールできません。梅雨に長雨が続き、夏が蒸し暑く、冬に寒くて雪が舞うのは、四季のある日本に住んでいる限り仕方ないのです。

お天気をコントロールできないと知ったら、自分でコントロールできることにフォーカスします。

たとえば、飲食店やショッピングセンターには、雨天時に客足が遠のかないように、お得なサービスが受けられる「雨の日割引」を行っているところもあります。

そうしたサービスをしているところを見つけて出かけるなど、雨の日を快適に楽しく過ごす方法を見つけておけば、雨をストレスに感じなくても済むようになります。

お天気の例なら「それは当たり前ですよね」と思う人でも、人間関係のコントロールできないストレスに悩んでいたりします。

「隣の奥さんが、自分のことをどう思っているかが気になる」

「上司が悪口ばかり言うのが嫌で仕方ない」

「転職してきた同僚が私を見下しているようで不愉快だ」

こうしたストレスも自分ではコントロールできないもの。お天気と同じです。よく言われるように「他人と過去は変えられない」のです。

隣の奥さんが何をどう捉えるかは彼女次第。上司の悪口を止めるのは難しいでしょうし、転職してきた同僚の考えを変えさせるのも無理な話です。

コントロールできることにフォーカスする練習をする

コントロールできるものにフォーカスして行動できるようにするために、私は生徒さんに76ページのようなワークシートに取り組んでもらいます。あなたなら、この表の空欄をどう埋めるでしょうか。

空欄を上からチェックしてみましょう。正解はけっして一つではありませんが、私なりに解説していきます。

最初の「天気」については解説しましたので次の「他人」です。「他人」というコントロールできないものに対して、コントロールできるのは「自分」です。他人は変えられませんが、自分自身は自らの意志で変えられます。

次の「相手の反応」はどうでしょうか。「相手の反応」に対して、コントロールできる

ストレスを上手に区別するためのワークシート

記入日：（　　　　）年（　　）月（　　）日

コントロールできないもの	コントロールできるもの
天気	天気に対応した過ごし方
他人	
相手の反応	
育児の忙しさ	

のは、「捉え方」や「目的」です。捉え方は「認知」とも呼ばれています。

コップに水が半分入っているとして、「水が半分しか入っていない」と思う人もいれば、「水が半分も入っている」と思う人もいます。

コップに水が半分入っているという事実はコントロールできませんが、それを「半分しか入っていない」と捉えるか、それとも「半分も入っている」と捉えるかは、人それぞれ。それが認知です。

認知のほかに、コントロールできるのは「目的」。コントロールできないことに対して行動を起こす十分な目的が持てるかどうかです。

幼い子どもが火にかけたやかんに手を伸ばそうとしたら、瞬間的に大人は「手を出しちゃダメ！」と大声で制止するに違いありません。

そこで「大声を出したら、子どもが怖がるかもしれない」と躊躇《ちゅうちょ》する人はいないはず。なぜなら「子どもにヤケドをさせない」というはっきりとした目的があるからです。

先ほど出てきた「上司が悪口ばかり言うのが嫌で仕方ない」という悩みも、それが組織のモチベーションを下げており、改善しないとチームワークが乱れるからなんとかしたいというはっきりした目的があれば、具体的な行動に移せます。たとえば、ツテを頼って上司と仲の良い同期にアプローチし、それとなく注意してもらう手もあるでしょう。

このように**目的から逆算すれば、コントロールできない悩みに対して自分が何をしたら良いかがはっきりしてくるのです。**

次の段の「育児の忙しさ」も、コントロールできない悩みですが、忙しさを減らすために、家族に助けを求めたり、地域のサポートサービスを頼んだりすることはできます。

いちばん下段の空欄には、63ページのワークシートでアウトプットした悩みを書き入れます。

仮に「食欲のコントロールができない」という悩みがあるとします。

食欲は生理的な欲求ですから、どんなに意志の強い人でもそれを完璧にコントロールすることはできません。そのストレスは手放すべきストレスなのです。

それに対してコントロールできるのは、すでに触れた「どんなときに食欲が抑えられなくなるのかをメモしておく」という行動です。

では「忙しくてダイエットに取り組めない」という悩みはどうでしょうか。

誰にとっても1日は24時間しかなく、仕事や家庭の環境をガラリと変えない限り、忙しいというのはコントロールできないストレスです。

それに対してコントロール可能なのは、「時間の使い方を変える」という行動。タイムマネジメントに役立つ本を読んだり、自分が何に時間を使っているかを書き出して無駄をなくす努力をしたりはできますよね。

ストレスを作り出しているのは「私」かも？

「夫が育児に協力してくれない」というのも、多い悩みです。結婚していても夫は他人に違いありませんから、その性格や行動は基本的にはコントロールできません。

この問題を解決するには、「あなたが忙しくて協力が難しいとなると、費用がかかってもなんとか家族が過ごしやすくなるようなサポートをつけたい」と夫に了解を取りつけてから、育児を手伝ってくれるサービスを利用することが考えられます。

コントロールできるものと、できないものを区別しましょうという提案をすると、生徒さんのなかには「夫と別れるという選択肢もありますね」とおっしゃる方もいます。

アンコントロールなストレスを抱えて悩んでいた事実に気がつくと、いかに余計なストレスにさいなまれていたかが自覚できるようになり、そこから自分を解放してあげたいと思えるようになるのです。

不満や愚痴が止まらない生徒さんの本音を聞き出すために、私の方からあえて「離婚を選択しても、というくらいのお気持ちがありますか？」と質問する場合もあります。

すると、なかには「いやいや、育児は協力してくれないけれど、優しいし、家族思いの夫です！」と全力でかばい始める生徒さんもいます。あるいは「悪いところばかりに目がいってしまい、感謝の気持ちが足りませんでした」と反省を口にする方もいます。

このようにコントロールできないことにこだわっていると、何をしてもダメだという無力感と被害者意識にさいなまれてしまい、満たされない気持ちがつのります。

夫の美点を知っていて、離婚するかしないかという二者択一の立場に立たされたときに、離婚なんてとんでもないと瞬時に思えるのだとしたら、「夫が育児を手伝ってくれない」というストレスはもっと早く手放し、解決策を探した方がいいのです。

この例のように、現状に不満があるのだとしても、コントロールできる点に関しては、自分で何らかの決断をして選んでいる結果にすぎません。

離婚という大きな決断をするほどの覚悟があれば、いくらでも自由に振る舞えるはずなのに、それをあえてしない選択をした「私」がいる。その事実を見て見ぬ振りをしていると、不満が溜まっていくばかりで一歩も前へ進めなくなります。

コントロールできる、できないという視点でストレスを二分してみると、ストレスはもっとうまくコントロールできるようになります。

そしてストレスをほかならぬ自分が作り出していたという事実に気がつくと、ストレスへの向き合い方を変えようと思えてきます。

コントロールできることから、行動に移してみる

時間の使い方とあわせて、お金の使い方も自分でコントロール可能でありながらストレスにつながりやすい要素の代表格です。ここがうまく管理できず、どんぶり勘定になっていて、無自覚なままストレスを抱えている「ダイエットこじらせさん」も多いのです。

そこで、1日の時間の使い方、1ヵ月のお金の使い方を一度振り返って「見える化」してみます。

お金の使い方は、家計簿的に毎日つけなくても大丈夫。家賃や光熱費などの固定費以外の出費に関して、まずは1ヵ月分のレシートを取っておいて、項目別に計算してみます(1ヵ月待てない人は、1週間分のレシートの合計を4倍します)。3食の食事と間食は分けるのがポイントです。

1日の時間の使い方ワークシート

記入日：(　　　　　)年(　　　)月(　　　)日

	平日	休日
0:00	ex. 就寝	
1:00		
2:00		
3:00		
4:00		
5:00		
6:00		
7:00	ex. 起床、朝ご飯	
8:00	ex. 出勤	
9:00		
10:00		
11:00		
12:00	ex. お昼ご飯	
13:00		
14:00		
15:00		
16:00		
17:00		
18:00		
19:00	ex. 帰宅	
20:00	ex. 晩ご飯	
21:00		
22:00	ex. お風呂	
23:00		

変えたいこと

ex. ネットチェックの時間を減らして、お風呂上がりはストレッチをする。

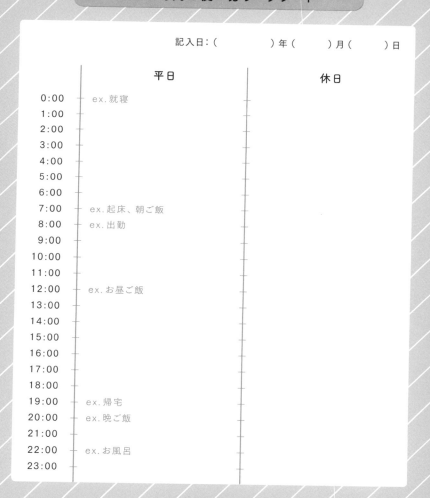

こうしたい！　1日の時間の使い方

記入日：(　　　　)年(　　　)月(　　　)日

	平日	休日
0:00		
1:00		
2:00		
3:00		
4:00		
5:00		
6:00		
7:00		
8:00		
9:00		
10:00		
11:00		
12:00		
13:00		
14:00		
15:00		
16:00		
17:00		
18:00		
19:00		
20:00		
21:00		
22:00		
23:00		

1ヵ月のお金の使い方ワークシート

記入日:(　　　　)年(　　)月(　　)日

食費	円	間食費	円
衣服費	円	美容費	円
日用品費	円	娯楽費・交際費	円
(　　　　)費	円	(　　　　)費	円

変えたいこと

ex.間食費を減らして、英会話スクールに行く。

こうしたい！　1ヵ月のお金の使い方

記入日:(　　　　)年(　　)月(　　)日

食費	円	間食費	円
衣服費	円	美容費	円
日用品費	円	娯楽費・交際費	円
(　　　　)費	円	(　　　　)費	円

あらためてアウトプットしてみると、「ここが無駄だな」という点に気づくはずです。

「時間がない！」「お金がない！」というストレスは、「コントロールできるもの」という視点を持って捉え直してみると、知らない間に目を背けていたことを意識できるようになるのです。

そうしたら、「本当はこうしたい！」という理想の時間の使い方、お金の使い方をデザインし直してみます。

「運動する時間なんてない！」と思っていた人も、寝る前にだらだらとネットサーフィンする時間をもっと短縮できると

時間とお金の「どんぶり勘定」を「見える化」すると
コントロールできるストレスが見えてくる。

気づいたら、お風呂上がりにストレッチしたり、朝15分早く起きてジョギングしたり、一駅分歩いたりしたり、と行動に移せます。

毎日なんの気なしにコンビニやパン屋でちょこちょこ買っていたお菓子代やパン代を計算し直すと、1ヵ月で1万5000円、年間に換算すると18万円になっていた、と気づくと、旅行の計画を立てられたり、将来のための貯金にまわしたり、あるいはジムやヨガ教室に入会しよう、英会話スクールに行こう、と行動に移せます（この実例について、88ページでお話しします）。

このように行動の一歩を踏み出すことが大事。コントロールできることを見つけたら、頭の中で考えすぎないこと。行動する前に「できなかったらどうしよう」といくら悩んでみても、やってみなければわからないのです。

コントロールできることがわかったら即行動！　が、ストレスを手放すコツです。

自分の本音と向き合い、自分の意思を主張できるようになる

●菓子パンに年間18万円使っていたEさん（50代・主婦）

Eさんは身長157cmで体重は65kg。かなりのぽっちゃり体型でした。

夫、娘、息子の4人家族。

若い頃は細かったそうですが、細くて筋肉が少ない分、基礎代謝が低め。若い頃は何を食べても太らないので油断をしていたら、年を重ねるにつれてさらに代謝が落ちてしまい、体組成がガラリと変わったせいで太ってしまったのです。

Eさんがダイエットに踏み切ったきっかけは、度重なる体調不良でした。

月3回はひどい頭痛を伴う体調不良があり、月1回は寝込むというパターン。病院では頭痛薬のほか、血圧や中性脂肪を下げる薬をもらって飲んでいました。

自宅には年老いた義母も同居していて、カラダが不自由な彼女の面倒はEさんが見ており、忙しい日々を送っていました。

「このまま頻繁に寝込むような生活をしていたら、将来は姑のようにカラダが不自由になって家族に負担をかけてしまうかもしれない」

そんな不安な気持ちが、Eさんをダイエットへ向かわせるモチベーションになっていました。

Eさんにはダイエットで体調不良を断ち切りたい理由がもう一つありました。高校受験を迎える娘さんをサポートしたかったのです。

学校見学に一緒に出向いて助言をしてあげたいという思いもあったのですが、体調不良が続いているとそれもできそうにありませんでした。

どんな生活が肥満を招いているのか。

それを知るために有効なのは、お金と時間の使い方の把握です。どちらも生活パターンを反映しているからです。

自分に向き合う時間が少ない、料理にかける時間とお金が少ないという方は、何よりも大切な「私」に投資していないということ。それではなかなかやせられません。

Eさんの場合、無意識にケーキ屋やパン屋に立ち寄っては買っていたお菓子と菓子パンに、1日500円以上使っていると判明。月に1万5000円、年間にすると18万円です。

加えてEさんの自宅には、英国式アフタヌーンティーで使われるような3段のケーキスタンドがあり、そこにいつもスイーツを山盛りにしてあって、好きなときに食べられるようになっていました。

Eさんはパートで働く日もありましたが、基本的には主婦という立場。義母の介護もありますから、ランチで外食したり、カフェで友達とお茶をしたりする時間的な余裕がありません。

そのストレスを忘れる気晴らしが、ケーキスタンドから食べるお菓子と菓子パン。頑張っている自分へのせめてものご褒美だったのです。

体重の目標は半年でマイナス13kg。それはEさんが若い頃、体調が良かった時代の体重でした。

そのためにEさんが立てたのは92ページの目標です。

年間18万円もお菓子と菓子パンに使っていたという驚きの事実を目の当たりにして、Eさんはその習慣を変えると決意。スイーツタワーとなっていたケーキスタンドも納戸にしまいました。

「18万円を貯金したら、家族旅行に行けますね」というEさんのつぶやきから、それを目標の一つに定めました。

Eさんは料理好きで、家族のために毎日ご飯を作っていました。でも、揚げ物や肉料理が多く、カロリー過多、脂質過多のメニューになっていました。

揚げ物や肉料理が多かったのは、夕飯時に近所の商店街で買い物をしていると、ご近所さんにつかまって長話をするのが日常だったため。

自分の意思を主張できないタイプだったので、「これから家族の料理を作るか

Eさんが立てた目標

1年後（夏）　体重50kg　体脂肪率26％

- 娘の高校の体験入学に健康的なカラダで同伴する
- 薬のいらない生活を手に入れる
- 美味しいものを健康的に楽しみながら、体調維持ができている
- お菓子やパン代を家族旅行の積立に変えて、年18万円貯金する
- 洋服を買う際、通常の既製服のサイズから選べるようにする。

半年後（冬）　体重52kg　体脂肪率28％

- 目標数値をクリアしてダイエットを卒業する
- 体調がいい日が増えて、血液検査の結果も良くなる
- 月1回、高級店でブランチを楽しむ
- お菓子やパン代を家族旅行の積立に変えて、6万円貯金する
- 娘の卒業式に着る服をサイズダウンで新調する

3ヵ月後（秋）　体重58kg　体脂肪率30％

- 数値目標を順調にクリアして楽しくダイエットを継続中
- 体調がいい日が増え、薬を持たずに過ごせるようになっている
- 健康を優先する食生活に慣れて料理を楽しんでいる
- お菓子やパン代を家族旅行の積立に変えて、3万円貯金する
- やせてきたので、洋服の試着が楽しくなる

ら、ここらへんで帰ります」と言い出せなかったのです。おかげで料理する時間が短くなり、短時間で作れる揚げ物や肉料理が多くなっていました。

そこで帰宅時間を決めてもらいました。商店街で5時の鐘が鳴ったら、「鐘が鳴ったから、私はお先に帰ります」と意思表示をして、早めに帰るようにしてもらったのです。

「家族をダイエットに巻き込みたくない」というEさんは、家族用にはこれまで通りのガッツリ系のメニューを作る一方、自分用には魚料理や豆料理などのヘルシーな献立に変更。摂取カロリーを抑えることに成功します。

Eさんはそれまで体重計に乗る習慣はなかったのですが、ダイエットを始めてからは体重が落ちるのが楽しみになり、毎日乗るようになりました。

体重が落ちるにつれて血液検査の数値も良くなり、飲む薬も徐々に減りました。体調不良もなくなり、寝込む日も滅多になくなりました。

将来に不安を抱えていたEさんにとって体調が良くなったことは、体重の減少より嬉しい出来事です。効果が実感できたのでダイエットを楽しみながら続けられました。

半年後には目標通りに13kgの減量に成功。1年後には、娘さんの高校の体験入学にも既製服を着て一緒に参加できました。

「やせると体調が良くなり、毎日が楽しい。二度とあの日々には戻りたくない」という気持ちで、Ｅさんはいまも体重と体型を維持しています。

こじらせリセットプログラム

04

セルフコントロールできる「私」になる

セルフコントロールって一体何？

「ダイエットこじらせさん」に少なからず見受けられるのは、日々の気分が安定していないタイプ。日によってテンションが低すぎたり、逆に高すぎたりするのです。

生徒さんでも「今日は爽快な気分です！」と明るい笑顔で語ったかと思えば、その次にお会いすると「先週は良かったのに、すいません、今週はずっと落ちています」と暗い顔をする方もいます。

お天気は変えられません。**他人の感情も変えることはできません。けれど、自分の感情は自らコントロール可能です。**ただ、まわりの影響を受けやすい「ダイエットこじらせさん」は、これが苦手なのです。

気持ちをコントロールする術を持っていないと、「最近また太ったんじゃないの？」といった家族や知人の何気ない言葉にショックを受けて、気分が落ち込み、それを晴らすためにお菓子を食べてさらに落ち込むことにもなりかねません。
そこで大切になってくるのが、セルフコントロールです。

「自分をコントロールしなければいけないの？　大変そう」と、反射的に拒絶反応を起こす人もいるかもしれませんね。けれど私が提案しているセルフコントロールは、つらくも、厳しくもありません。セルフコントロールといっても、不機嫌でも何が何でも笑顔を作り、何でもポジティブに捉える練習をするわけではありません。そんなことをしていたら逆にストレスが溜まって、それが爆発してしまうかもしれません。

感情を力ずくでポジティブに転換するのではなく、ありのままの感情の変化に寄り添いつつも、感情にさいなまれて苦しくならないように、心地良い「私」を上手に作っていく。それがセルフコントロールです。

いつもご機嫌で日々を心地良く過ごすために行うのが、セルフコントロール。まずは、その意義を理解します。

セルフカウンセリングで自分と向き合う

自動車がどういう乗り物なのかを知らないと、自動車は運転できません。同じように、上手なセルフコントロールのための練習は、「私」という人間をよく知ることからスタートします。

「私」という人間と向き合うコツは次の3つです。

❶ どんな感情もありのままに感じてみる
❷ 反応は自分を知るヒントだと思う
❸ 劣等感や嫉妬は、なりたい自分になるチャンスと捉える

3つのコツを手がかりに、自分自身を客観的にセルフカウンセリングします。

まずは、どんな感情もありのままに感じてみます。

前の章でお話ししたネガティブ感情と同じように、感情の変化は自分の本音に気づくためのチャンス。**何もジャッジしないで〝ありのままに〟感じるのがポイントです。**

なぜ〝ありのままに〟感じるのが大切なのでしょうか。

それは「こんなふうに思ってはいけない」とジャッジをしていると、知りたい本当の「私」の情報が出てこなくなるからです。


続いて、反応は自らを知るヒントだと捉えましょう。何かに対して「イライラした」「カッとなった」という反応が起こるとしたら、それは気持ちが動いた証拠。

こうした何らかの反応があるときこそ、**「私」が心から大事にしたいと思っていることや価値観を知るチャンス**です。


最後に、**劣等感や嫉妬は、なりたい「私」になるチャンスと捉えてください。**劣等感や嫉妬はネガティブ感情の一つであり、ネガティブ感情と同じように無意識からのメッセージを届けてくれるのです。

「どうせ私はダイエットもできないダメな人間だ」

「同僚のYさんは、女子力が高くてモテるのが羨ましい」

自分を人と比べて、こうした劣等感や嫉妬を感じやすいのが「ダイエットこじらせさん」です。こういう生徒さんに私は、「人は自分が興味を抱かないことには反応しないものですよ。だから自分を知るチャンスにしましょう」と声をかけます。

劣等感や嫉妬を感じるたびにただ落ち込んだり、イライラして終わったりしていたら、何も前向きな変化は起こりません。

かといって**劣等感や嫉妬にフタをする必要はありません**。

「どうせ私はダイエットもできないダメな人間だ」という劣等感を抱いたとしたら、ダメ人間を卒業したい、という願望を持っている証拠。

「同僚Yさんは、女子力が高くてモテるのが羨ましい」と嫉妬を感じたとしたら、女子力を高めてモテたい、という願望を抱いている証拠なのです。

その願望が自分自身の本心なのだとキャッチしたら、具体的な行動に移せそうな小さな努力から始めてみます。その方法をこれからお伝えします。

「私のトリセツ」で自分自身と仲良くなる

取り組みたいのは、自分自身と仲良くなることです。

誰もが、仲の良い友達や家族に対しては、「彼女はこう言われると怒る」とか「これを言うと喜ぶ」という情報を持っています。

ぽっちゃり体型を気にしている友人に、「最近太ってきたね」とは言わないですよね？　地雷を避けて、体型やダイエットの話は極力避けるのがコミュニケーションの原則です。

ファッション好きの友人には、「その服、どこで買ったの？　似合っているよ」と声をかけるときっと喜ぶでしょう。

同じような思いやりを自分自身にも向けるのです。

友達や家族についてはよく知っているのに、「ダイエットこじらせさん」は、意外なほど「私」について知りません。つい他人を優先してしまうので、ほかならぬ自分自身が、何をしたときに嬉しくて、何をしたときに悲しくなるか、という感情の法則を把握していなかったりします。

嬉しいことがあったら「ラッキー」、悲しいことがあったら「ああ、またうまくいかなかった……」と受け身。そうではなく、「私」はどういうときに気分が良くなり、どういうときに気分が悪くなるかを知っておくのです。すると、気分が良くなるチャンスを増やし、気分が悪くなる場面を回避するように、行動を選択できるようになります。

そのために、❶どんなときに、❷「私」はどんな反応をしたか、を書き出してみます。いわば「**私のトリセツ**」です。

恋人ができたら、誰もが無意識に「こういうとき、カレは喜ぶんだな」などと「カレのトリセツ」を頭の中に作っているはずです。それと同様です。

ワークシートには、「嬉しい」「悲しい」「イライラ」「ドキドキ」という4つの感情・反応が並んでいます。隣の欄にまず、「私」はどういうときにそれぞれの感情を持つのか、思い出して書いてみます。さらに次の欄に、そこから気づく「私」が大事にしていること＝価値観を書き出します。

「私のトリセツ」ワークシート

記入日：（　　　　　）年（　　　）月（　　　）日

こんな感情になるのはどういうときですか？

感情・反応	どんなとき？	価値観・ 大事にしていること
嬉しい	ex. 人の役に立てたとき	ex. 自分の存在価値を 感じられること
悲しい	ex. 容姿をけなされる	ex. 美しくいたい
イライラ	ex. 仕事が忙しい	ex. 家族との時間を確保 したい
ドキドキ	ex. 初対面の人と話す	ex. 好印象でいること

「私」の傾向を知って、マイナス感情を減らす行動を選ぶ

このワークで重要なのは、どんなときにどんな感情・反応を示したかではありません。価値観に関しても、この価値観が良くて、こっちはダメ、という話ではありません。

何らかの感情・反応が起こったのは、自分が大事にしている価値観の琴線に触れた証拠。**大切なのは、「そうなんだ、私って、こういうときに悲しいと感じるんだ」「それは、私がこういうことを大事にしているからなんだ」と、一歩引いた目で、自分を理解することです。**

「私」が大事にしている「価値観」があって、そこから引き起こされる「感情」がある。

この2つを分けて捉えるのです。

そうすると、感情にむやみに振り回されることがなくなります。

悲しい、イライラするといったマイナスの感情・反応が起こっても、「あっ、これは○○を大事にしている私にとって、いちばん嫌なことだから」と、客観的に受け止めることができます。理由がわからないままストレスの渦に巻き込まれる必要がなくなります。

そうしたら今度は、マイナス感情を減らすための行動を選ぶようにするのです。自分を喜ばせる時間、満たされる時間を増やしていけるようにします。

たとえば、自分は人の役に立ったときに嬉しくなるのだと知ったら、まわりの気持ちをくみ、喜ばれる家事や仕事を増やしてみます。時間がないとイライラするのだとわかったら、家事や仕事を調節して時間的に余裕が生まれるスケジュールを立ててみます。時間がないとイライラするタイプなのに、仕事や家事などをパンパンに詰め込んで、イライラとストレスをつのらせる、というチグハグなことが起こらず、日々を平穏に過ごせてストレスが減らせます。

自分の本音がわからないときの対処法

ただ、「私」は本当はどうしたいの？　という本音がわからなくなっている人もいます。「他人軸」で長い間過ごしてきて、自分の感情にフタをしてきた「ダイエットこじらせさん」には珍しくありません。

そんな人は、小さい子どもと関わる感覚で、「私」の心を感じてみる練習をします。子どもみたいな思いつきの無邪気なことでいいので、「小さな願望」を書き出すのです。「他人軸」ではなく、自分の心の底から湧き上がる「行ってみたい！」「気になる！」「知りたい！」といった気持ちを感じる練習です。さらには、その小さな願望を叶えてあげようとする意識の積み重ねによって、「私」の本音はより見つけやすくなっていきます。

実際に叶えられなくてもいいのです。そのためのリサーチをしたり、計画を立てたりす

自分の中の「小さい私」の話を聞いてあげる練習をします。

るだけでも十分です。リサーチしたり計画を立てたりするのは、「私」を放置しないでいる証拠。その過程で、「私」を満たす習慣が身につくようになります。

小さな願望のテーマは何でもかまいませんが、唯一外してもらいたいのは「食べたい！」です。美味しいラーメンが食べたい、スイーツ食べ放題に行きたい……といった願望をその都度叶えていると、ダイエットができなくなります。

生徒さんには「食べたい！」という願望を叶えるのは、ダイエットが成功した後の未来の計画にしましょう、とアドバイスしています。

生徒さんの一人は、このワークで人生が変わりました。

彼女は長年自らの感情と向き合わずに過ごしていましたが、「行ってみたい！」の項目を書き出そうとして、「子どもの頃は海外で仕事をしてみたいと思っていた」ということを思い出したのです。

情熱がにわかに蘇《よみがえ》り、本気モードで調べたところ、オーストラリアのシドニーで日本人の求人を発見。転職・移住準備をしているうちにダイエットを卒業。オーストラリアに旅立ちました。

さらにはシドニーで知り合った日本人男性と意気投合し、めでたく結婚。その男性が永住ビザを持っていたので、子どもの頃の夢を叶えて現在はオーストラリアで日本語教師をしながら暮らしています。


自分の本当の感情に気づくことには、人生を前向きに変える力があるのです。

「私」の本音を引き出すワークシート

記入日：（　　　　　）年（　　　）月（　　　）日

1 行ってみたい！

ex. インスタグラムで見つけた絶景のホテル

2 気になる！

ex. ふと夢に出てきた友人に連絡してみる

3 知りたい！

ex. オーガニックコスメについて調べてみる

頼みごとができずにイライラを抱えてしまう「私」を変える

●仕事に家事に忙しくて暴飲暴食していたMさん（30代・ワーキングマザー）

Mさんは、食品メーカーで正社員として働く傍ら、小学校低学年の息子を育てているワーキングマザー。身長は156㎝で59kg。出産太りが解消しないまま、お腹まわりに徐々に脂肪がついてきました。

ものすごく太って見えるわけではありませんが、夫からは「結婚した当初はもっとやせていたよね」と冗談交じりでボヤかれていたそう。息子にまで「○○ちゃんのママはやせているのに、ママのお腹はプヨプヨ～」と言われてショックを受けます。

仕事と家事と子育てで多忙を極め、お洒落やメイクに時間がかけられなくなり、自分にかまう時間が減っていることは自覚していました。女性としてこのまま終わっていいのか。そういう不安や焦りを断ち切るために、Mさんはダイエットを決意。忙しくてイライラしてしまい、夫にも子どもにも優しくなれない自分を変えたいという思いもありました。

Mさんがやせられない大きな理由は、眠る前のつかの間のお菓子タイム。子どもが寝付き、ようやくホッとひと息つける一人の時間ができると、自分へのご褒美とストレス解消のためにお菓子が無性に食べたくなるのです。眠る前にお菓子を食べる習慣を続けたら、ぽっちゃりさんへまっしぐらです。忙しいのでランチタイムも出来合いのお総菜やコンビニ弁当が多く、それも摂取カロリーの過多を招く原因の一つになっていました。

Mさんが立てた目標は112ページの通りです。

Mさんの問題点は、何でも一人で抱え込み、他人に頼みごとができないこと。

Mさんが立てた目標

1年後（夏）　体重51kg　体脂肪率24%

- 家族で海の近くに旅行に出かける
- 無駄な外食や買い物が減り、旅行がグレードアップできる
- 夏バテせず、仕事も家事も元気にこなせる
- ノースリーブを着て夏を楽しむ
- 家族と健康的な料理を食べることが当たり前になっている

半年後（春）　体重52kg　体脂肪率26%

- 夫と仲良く子どもの入学式に出席する
- 子どもの入学式で明るい色のスーツを着こなして記念写真を撮る
- 時短で健康的な料理が作れるようになる
- ダイエット後の体重を維持している

3ヵ月後（年明け）　体重54kg　体脂肪率28%

- 家族で家事を分担し、楽しみの時間が増えている
- スカートにニットをインして着こなし、初詣でに行く
- 年末年始も食事のコントロールを楽にできている
- 6kgやせるというダイエットの目標を達成し、自分に自信を取り戻す！

仕事、家事、子育てと日々バタバタでしたが、「子どもを産んだ段階で仕事をやめるという選択肢もあったのに、あえて仕事を続けるという選択をしたのだから、もっと頑張らないといけない」という思い込みがありました。

忙しくて体力的にも限界な自分をなんとかしなければ、イライラで食べすぎてしまう生活から脱却できません。そこでまず、日々のやるべきタスクをリスト化した「ＴｏＤｏリスト」を作成。そこから、夫に協力してもらいたい「朝のゴミ出し」「週2回、学童保育のお迎え」「洗濯と浴槽掃除」といった項目をリストアップしました。そして、自分がいかに限界であるかを伝え、夫に家事や育児の協力を求めたのです。妻の苦労と悩みに初めて気づいた夫は反省してリクエストに応えてくれました。

家事と育児の負担が減るとストレスやイライラが減り、夜食でお菓子を食べるという習慣から抜け出せました。その時間で自炊ができるようになり、栄養バランスの整ったお弁当を職場に持参。夫のお弁当も一緒に作り、食費も削減できました。

こうして浮いたお金はファッションやメイク代にも回せるようになり、自らのケアにも時間を割いて女性としての輝きを取り戻せました。

こうしてMさんは3ヵ月で5kgやせてダイエットにほぼ成功。ニットをインして着こなせるまでになります。

太っていると写真を避けたくなりますが、彼女は順調にやせたので、半年後には膨張色である明るい色のスーツで堂々と記念写真を撮影。1年後にはさらに減量。ノースリーブを着て、家族で海の近くに旅行に出かけてビーチで水着になれる体型に変身できました。

家事の分担を介して夫とのコミュニケーションも活性化。やせてキレイになったママに息子も大喜び。ダイエットを通して家族の絆がより深まったとMさんは感じています。

こじらせリセットプログラム

05

心を満たす
コミュニケーションを
交わす

自分の感情をほったらかしにしない

言いたいことが山ほどあっても、「ダイエットこじらせさん」は、「私さえ我慢すればいいんだ」という発想で、遠慮や我慢をしてしまいがちです。他人に自らの主張を伝えたり、はっきりとした意思表示をしたり、といったコミュニケーションが苦手なのです。

たとえば、ダイエット中だからカロリー過多になりやすいパスタ専門店やハンバーグ専門店は内心避けたいのに、オフィスのランチ友達から「朝ご飯抜きだったから、お腹がペコペコ。ランチはパスタにしようよ」と振られると「ノー」とは言えません。

コミュニケーション下手になるバックグラウンドの一つに、「ダイエットこじらせさん」特有の「他人軸」な思考パターンがあります。「私なんかが、こんな主張をしていいの?」と他人の評価を気にしすぎると、「ダイエット中なのでヘルシーメニューがあるお店がいいな」というふうに意見を主張できないのです。

他人にとっては「いい人」かもしれませんが、これでは肝心の自分の感情がほったらかしになったまま。感情を放置すると、その裏側にある価値観も満たされないため、不満や不安がつのり、ストレスとして蓄積されていくばかり。

人とのコミュニケーションから生まれるストレスを減らすために、上手に自分の本当の気持ちを伝える方法を身につけます。

気持ちの伝え方のポイント・ポジティブ編

まずは、人にポジティブな内容を伝えるときのポイントです。嬉しい事柄に、ストレートに「嬉しい！」「ありがとう！」と言えるようになるのが目標です。

ポイントは次の3つです。

【ポジティブな内容を伝えるポイント】

初級：**心からの笑顔で伝える**
中級：**感情を豊かに表現する**
上級：**相手の言動とその背景にある思いにもフォーカスしてリアクションする**

プレゼントをもらったときにお礼を伝える場合を例に取ると、次のようになります。

初級：笑顔で「ありがとう！」と伝える
中級：「これ、欲しかったの！　とても嬉しい！　ありがとう！」
上級：「毎日忙しいのに時間をかけてプレゼントを選んでくれたのね。ありがとう！」

練習の第一段階、初級のお礼のポイントは笑顔です。人の脳内には、相手の行動に反応し、自らも同じ行動を取ったり、同じような感情になったりする〝ミラーリング効果〟があります。**心からの笑顔で感謝を伝えられると、相手も自然に笑顔になってくれて、ポジティブなコミュニケーションが交わせるようになります**。

作り笑いでは残念ながら感謝の気持ちは伝わりにくくなります。笑顔になるのが苦手なら、口角を上げて少し歯が見えるくらいに自然な笑顔になれるように、鏡でトレーニングしておきます。

ステップアップして中級では、ポジティブな感情表現をプラス。ただ「ありがとう！」だけではなく、「ちょうど欲しかったの！」「とても嬉しい！」と気持ちを豊かに伝える言葉を加えます。

どんな人にも承認欲求がありますから、**「嬉しい」「ありがとう」という感謝の気持ちを伝えられると、素直に喜んでもらいやすく、良い関わりが結べるようになります。**

良い関係が築ける人たちとの絆が増えるほど、人間関係にまつわるストレスは軽くなっていきます。そして良好なコミュニケーションが交わせるようになると、気持ちが満たされてストレスが減っていきます。

さらにステップアップして、**相手の言葉や行動の背後にある思いについても感謝を伝えられるようになると、上級です。**

忙しいのに時間を作ってプレゼントを買いに出かけてくれた。自分の好みを把握してプレゼントを選んでくれた。――プレゼントそのものではなく、相手の温かい気持ちに対して、心からの笑顔で感謝の気持ちを伝えるのです。

「自分の気持ちまでわかってくれている」と思うと相手はますます嬉しくなります。それはさらなる関係性の改善につながり、心満たされるコミュニケーションがますます増えていきます。

「感謝の気持ち」を書いてみる

とはいえ、相手に面と向かってストレートに感謝を伝えるのはまだまだハードルが高い、という人もいるかもしれませんね。そこで、ポジティブな気持ちを表現する練習として、心に浮かんだ人への感謝の気持ちを手紙に書いてみます。

まず、感謝を伝えたい人は誰かを考えてみます。友人、カレ、夫、子ども、両親などなど、感謝を伝えたい人なら誰でもＯＫです。

次に、その人に伝えたい感謝を手紙に書いてみます。

私の生徒さんには、カウンセリングでは夫の悪口を散々言っていたのに、このワークになると感謝を伝えたいのは「夫」と書く人がかなりいます。感謝の内容は、「頑張って働いて生活を支えてくれてありがとう」とか「いろいろあるけど、いつも一緒にいてくれて

「感謝の気持ち」ワークシート

記入日：（　　　　　）年（　　　）月（　　　）日

感謝を伝えたい人は誰ですか？　ex. お母さん。

どんなことへの感謝を伝えますか？

ex. いつも気にかけてくれてありがとう。

ありがとう」などと様々です。日頃はネガティブな面にフォーカスしがちな人も、視点を変えれば感謝の気持ちもつねに存在していたことに気づきます。

働いているお母さんだと、子どもに対して「ママに協力してくれてありがとう」とか「いつもママの帰りをいい子で待っていてくれてありがとう」といった感謝の言葉が並びます。

両親に向けて感謝の言葉を書く人もいます。そこには「丈夫に産んでくれてありがとう」とか「育ててくれてありがとう」とか「いつも応援してくれてありがとう」といった言葉が並んでいます。

書いた感謝の手紙は、生徒さんにまず自分で読んでもらいます。

そこで「どういう気持ちになりましたか？」と聞いてみると、「支えられている現実がわかり、心が温かくなりました」とか「あらためて恵まれた環境にいるとわかりました」と多くの人がおっしゃいます。なかには、手紙を読みながら感極まってしまい、涙を流す方もいらっしゃいます。

手紙を書くだけでも、涙が流れるほど心が満たされる経験をすると、自分で自分の心を温められると気がつきます。これが重要。

他人に頼ることなく、自分で自分の心を満たせるという気づきがあると、寂しくなったり、落ち込んだりしたときにも、ストレスを溜めることがなくなります。

そして、**ぜひ試してほしいのが、この手紙を相手の前で読んで直接手渡すこと。**ほとんどの生徒さんはメモの段階で終わり、実際に感謝したい人の前で手紙を読む人はごく少数派です。ただ、もちろんハードルは高いのですが、実際にやってみると効果は抜群に上がります。

メールやSNSでのやり取りが日常的になっているいまの時代、手紙を書いたり、もらったりする機会はめっきり減りました。相手の目の前で手紙を読むなんていう機会は、結婚式くらいなのではないでしょうか。手紙で直接感謝を伝えるのは、ひょっとしたら人生で二度とない体験かもしれません。

だからこそ手紙を目の前で読み上げると、相手も意外なほど喜んでくれるのです。実行した人はみなさん言うのですが、「笑顔になってくれた」「涙を流して喜んでくれた」という体験を得られます。

これは、「ダイエットこじらせさん」にとりわけ取り組んでいただきたいワークです。なぜなら、心が満たされていない人は、食べてその空白を埋めようとするからです。食べないと満たされなかった気持ちを、周囲との心のこもったコミュニケーションで満たせたら、食べることに逃げる必要がなくなります。

人に優しい言葉をかけてもらっていたり、温かな関係を築けている実感があったりすると、心が満たされるので過剰な食欲に振り回されずに済みます。

けれど、他人はコントロールできません。優しくしてもらえるのをただじっと待っているだけでは、心が満たされるチャンスはやってこないかもしれません。

目指したいのは、自らの気持ちを自発的に温め、気持ちを満たせる人になることです。

誰かの心を動かして、温める体験は、自分にも価値あることができる、という自己肯定感を高めてくれます。自らの存在意義がリアルに感じられるようになります。それがコミュニケーション力の向上にも結びつくのです。

気持ちの伝え方のポイント・ネガティブ編

ここまではポジティブな内容の伝え方をお伝えしました。

けれど、コミュニケーションはポジティブなものばかりではありません。不本意ながら、ネガティブな内容を伝えないといけない場面だって当然あります。

「ダイエットこじらせさん」がとくに苦手なのは、このネガティブな内容を人に伝えること。でも、言いづらいことをグッと我慢して押さえ込んでいては、ストレスが溜まるばかりです。


ネガティブな内容を人に伝えるにはポイントがあります。それを学んでおけば大丈夫。

伝え方のポイントは次の3つです。


【ネガティブな内容を伝えるポイント】

❶自分の感情や状況を軸に伝える
❷相手の言動にフォーカスしない
❸感情のまま伝えず、ひと呼吸置いてから冷静に伝える

「ダイエットこじらせさん」には、体型に関する悪いジョークを言われて傷ついた経験をしている方がけっこういらっしゃいます。それを例に取りましょう。

例）体型に関する悪い冗談を言われて傷ついた場合

【×悪い伝え方】
「何でそんなことを言うの？　信じられない！」（怒りながら）
「あ、やっぱりそうだよね～……」（実際は悲しいのに、笑ってごまかす）

この伝え方だと、言われて自分が傷ついて悲しかったという気持ちは、残念ながら相手にまったく伝わりません。
「何でそんなことを言うの？」という言い方は、相手の言動にフォーカスして非難していますから、関係性が悪くなります。

笑ってごまかして終えるのは、相手に気持ちが伝わらないばかりか、自分の感情をごまかしてしまったことで、傷を余計に深めてしまいます。

また、怒りながら伝えたり、笑ってごまかしたりしていると、感情を伴って冷静さを欠いているので、正確なコミュニケーションが取りにくくなります。ポジティブな内容は感情を伴って伝えるのがポイントですが、ネガティブな内容は感情豊かに伝えるのは効果的ではないのです。

【○上手な伝え方】

「その言葉、ショックだな。傷ついちゃった」（冷静に）

「あなたにそう言われると正直こたえるなぁ～。悲しい」（冷静に）

上手な伝え方では、「ショック」「傷ついた」「こたえた」という自分の気持ちがストレートに伝えられています。

その反面、**相手はまったく責めていません**。

ネガティブな内容を伝えるときは、相手ではなく、自分にフォーカスすることが大事な

傷ついた気持ちを伝えるときは、笑ってごまかさず、相手は責めず、冷静に。

のです。

感情を伴わずに、冷静に自らの率直な気持ちを伝えると、相手も「傷つけてしまった！」とハッとします。傷つけたくて言っている言葉ではありませんから、傷つけたと気づくと次からは同じような発言はしないでしょう。

相手を不快にさせるのではと不安な人は、明るいテンションで本音を伝えるのも一つのコツです。

リクエストをプラスしてさらにステップアップ

ネガティブな内容を相手に伝えるときに、**プラスαで自分のリクエストが加えられたら最強です。**

例）リクエストをプラスした伝え方

【○上手な伝え方】

「体型を気にしているから、それを言われると傷つくの。でも、いまダイエットを頑張っているから、応援してくれると嬉しい！」

ここでの**ポイントは「なぜ」と「どうしてほしいか」に触れている点です。**

【なぜ】体型に触れてほしくないのは体型を気にしているので言われると傷つくから。

【どうしてほしいか】ダイエットを頑張っているので、応援してほしい。

「太っているのだから、体型に触れてほしくないと察してほしい」と思っていても、多くの人はそこまで親切に人の心を読んだりはしてくれません。

察してほしいと期待してもそうそう伝わりません。伝わらないままだとストレスがつのります。自分の素直な感情は、冷静に言葉で伝えるのが大切です。

この伝え方は、ダイエット中に食事の誘いを受けたときなどにも有効です。

たとえば、友人からコスパがいいと話題のホテルのケーキブッフェに誘われたとしましょう。伝え方下手だとはっきりと断り切れず、ダイエットの真っ最中に不本意ながらケーキを食べることになってしまいます。そういうときは次のように伝えてみます。

「いまはダイエット中なので行けないの。でも、ダイエットに成功したら、その記念にケーキブッフェに行きたいので、そのときは付き合ってもらってもいい？」

断るというネガティブなコミュニケーションも、「次は付き合ってほしい」というポジティブなコミュニケーションに転換して伝えるのです。すると周囲も応援したり、力を貸してくれたりするようになります。

頑張りすぎず、断る勇気を身につける

●婚活したいけど、仕事が忙しくて減量できないSさん（30代・会社員）

Sさんは、いわゆるバリキャリ。オフィス用品を扱う会社の営業職で、仕事では男性からも女性からも一目置かれるバリバリのキャリアウーマンです。

彼女は明るくて笑顔が素敵。女子アナで言うなら日テレの水卜麻美さん、女性芸人で言うなら、いとうあさこさんタイプ。

接待での付き合いの良さも、評価を高める武器の一つと考えているので、お酒もすすめられればいくらでも飲みますし、満腹でも食べ物を美味しそうに頬張ります。

接待がない日でも、残業を済ませてお腹ペコペコで近所のコンビニに立ち寄り、売れ残りのコンビニ弁当を食べる日々が続いていました。あまりに疲れていると、メイクを落とさないままソファで寝落ちしてしまい、深夜に目覚めて慌ててシャワーを浴びてメイクを落とす日も少なくありませんでした。

週末は疲れすぎて自宅で爆睡。部屋を整理する余裕もないので、散らかり放題です。運動をしなくちゃと思ってもカラダは動かず、整体で疲れを癒《いや》してもらうのがほとんど唯一の息抜き。

そういう生活をしていると当然太ります。私の教室に来たとき、身長１５８㎝で体重は64kgほど。忙しいからネット通販で服を買うのですが、いつもサイズが合わないので返品が続くのが悩みの種でした。

順調にキャリアを積み重ねてきたSさんでしたが、一方で婚活したいという気持ちを強く持っていました。

ところが忙しすぎて、婚活の〝市場〟にすら出ていない状態。キャリアは捨てたくないので、夜のお付き合いもキープしつつ、胸を張って婚活市場に出られる自分になりたい。それがSさんの願いでした。

Sさんが立てた目標

1年後（冬）　体重54kg　体脂肪率24%

- 結婚を考えられる男性とクリスマスやお正月を一緒に過ごす
- デートでボディラインの出るニットワンピースを着こなす
- いつでも同棲が始められるように、荷物をミニマムにまとめている
- 休日は自炊してカレとお部屋デートを楽しむ
- 仕事が忙しくても、疲れを翌日に持ち越さない健康的なカラダになる

半年後（初夏）　体重56kg　体脂肪率27%

- カレとの交際は順調。夏に向けて初めてのバカンス旅行を計画
- 旅行で着るビキニの水着をデザイン重視で選ぶ
- いつもキレイに片付けていて、カレとリラックスできる部屋をキープ
- 料理のレパートリーが増えて、カレと一緒に健康管理を楽しんでいる
- 帰宅後にエクササイズや入浴で疲れを取る習慣が当たり前になっている

3ヵ月後（春）　体重58kg　体脂肪率29%

- 出会いの場に積極的に出かけて、素敵な男性と複数知り合う
- 明るい色の春らしい服で自信を持ってお出かけできる
- いらないものをすべて手放して部屋を片付け
  やせて着られなくなった服も処分！
- 簡単なメニューのレシピを覚え、週2回の自炊を習慣にする
- 栄養補給の習慣を当たり前にして体力アップ。休日出かけられるようになる

そんなSさんが立てた目標は134ページの通りです。

Sさんはとにかく頑張り屋さん。何に対しても一切手を抜きません。その背景にあるのは自分を認めてもらいたいという承認欲求。頑張らないと周囲から認めてもらえないと思い込んでいるのです。この頑張りすぎがSさんのストレスになっていました。

私がSさんにしたアドバイスは、断る勇気を持つこと。

それまでの彼女は接待に出ると、一次会はもちろん、誘われたら二次会も三次会も最後まで付き合うタイプでした。

そこで私は彼女に、「Sさん、〝あ、そろそろシンデレラタイムなので失礼します〟と可愛く一次会で帰るタイプと、何があっても最後まで男性に混じってたくましく飲んでいるタイプを比べると、どちらの女性の方が結婚は早そうですか?」と尋ねました。

するとSさんは「それはシンデレラタイムで帰る女性ですね」と答えました。

実際、結婚して一緒に暮らすという視点に立つと、シンデレラタイプを選ぶ男性が多いのです。可愛く余韻を持ってその場を去ると、未練を感じて「また会いたいな」と思う男性だっておそらく出てくるはずです。

そこで私は「2回に1回、あるいは3回に1回は、シンデレラタイムで帰るようにしてみてはどうですか？」とアドバイス。Sさんも「そうですね」と納得して実践してくれました。

次に私がしたアドバイスは、栄養を最優先した食生活。

接待やコンビニ食で栄養バランスが乱れてたんぱく質、ビタミン、ミネラルといった必須の栄養素が足りないと、仕事の疲れがリカバリーされません。それだと自炊をする意欲も湧きませんし、婚活するパワーも得られません。

たんぱく質、ビタミン、ミネラルの補給には、忙しいライフスタイルを考慮して手軽なサプリメントを活用。栄養素を意識した食事をしてもらうために、接待中でも魚介類、豆腐、野菜、海藻類といったたんぱく質やビタミン、ミネラルが多そうな食材を優先して食べる習慣をつけてもらいました。笑顔で美味しそうに食べていれば、食べる物の種類が変わっても、水卜ちゃん的なイメージは崩れません。

飲み物もビールや日本酒から、ハイボールやチューハイのように糖質が少なくて太りにくい蒸留酒に変更してもらいました。

足りない栄養素を補って疲れが軽くなったら、土日は寝てばかりいないで平日のために作り置きをする生活にスイッチ。日保ちがする栄養たっぷりでヘルシーな主菜と副菜を1時間ほどで作るようにしました。これで帰りが遅くなってもコンビニ弁当に頼らずに済みます。料理にも興味が湧いてきて、料理本を何冊も購入。栄養の知識も増えてヘルシーメニューのレパートリーが増えてきました。

疲れが抜けたら部屋を片付ける余裕ができました。片付けてマットを広げるスペースができたので、入浴後に動画に合わせて簡単なエクササイズをするのが日課になりました。

体力がついて時間的な余裕もできたSさんは、合コンや婚活パーティといった出会いの場所にも積極的に顔を出すようになります。

1kgやせるごとにボディラインが出せる服も着られるようになり、それが自信になってさらに出会いの場所に出向く機会が増えてきました。

〝市場〟に出ていなかったけれど、もともと男性受けが良いタイプ。半年後には5人の男性からアプローチがあり、そのうちの一人と交際開始。1年経って10kgやせた頃に結婚。明るい家庭を築いて、夫婦ともどもバリバリ働いています。

こじらせリセットプログラム

06

「私」を満たす習慣を持つ

意識して自分を認めてあげる習慣を作る

「これくらいでは、やせたとは言えません」
「やせたにはやせたけれど、お腹と脚はまだまだ不満です」
自分へのダメ出しが多いのも「ダイエットこじらせさん」の特徴です。自分のマイナス面ばかりに目がいってしまって、プラスの面に目が向きにくいのです。

「顔が小さくなったね。やせたんじゃない？」とまわりから言われても、「下っ腹がまだ凹んでいないから、これでは水着になれない」とか「脚が太いからスキニーデニムが穿けない」などと問題点をどんどん見つけてしまいます。

他人のＳＮＳ上のキラキラした投稿と自分を比べて、「私ってやっぱりダメだわ」と、劣等感ばかりがつのってしまうタイプです。

これは心理学の用語で、「過大評価・過小評価」と呼ばれている認知の歪みの一つ。関心がある物事は大げさに受け止めるのに、関心が薄いことは軽んじる捉え方です。マイナス面ばかり過大評価して、プラス面を過小評価していると、いつまで経っても心は満たされません。

自分のアラ探しをし続けていると何が起こるかというと、ダイエットに成功してすっきりやせたとしても、そんな自分を認めることができません。

やせてキレイになることと、心が満たされていることは、別の問題。自分を認めて満たされていなければ、やせてもダイエットは終わりません。これではダイエットを永遠にし続けなければなりません。

必要なのは「私」を認めてあげる習慣です。

自分の魅力を書き出してみる

自分の良いところや魅力を認めて、「これでいいんだ」と現在の「私」を正しく肯定してあげるために、意識してプラス面に目を向ける練習をします。

書き出すのは、「私」の魅力です。

まずは、自分から見た「私」の外見の魅力。

自信がない「ダイエットこじらせさん」だと、「そんな魅力だなんてとても思いつかない！」と思ってしまうかもしれませんが、練習だと思って考えてみると、けっこう見つかるはずです。

「まつげが長い」「手の爪がキレイ」「背が高い」「肌の色が白い」「髪がサラサラしている」……。生徒さんからも、こんな言葉が並びます。

次に、自分から見た「私」の内面の魅力です。

これも自分で考えるのは難しいかもしれませんが、「ダイエットこじらせさん」に多いのは、もともと「頑張り屋さん」や「真面目」な人。そして、この本を手に取っているということは、「あきらめない心」でダイエットにチャレンジしている証拠。謙虚になりすぎず書いてみてください。


自分目線からの「私」の魅力が書き出せたら、その次は、身近な誰かにお願いして、その人から見た「私」の魅力を挙げてもらいます。

友人、同僚、カレ、夫、子ども、両親、兄弟。誰でもOKですが、生徒さんには「聞きやすい人ではなく、あなたが聞きたい人に聞いてみましょう」とアドバイスしています。「この人が私をどう思っているかが気になる！」という人に魅力を挙げてもらった方が、このワークは効果的なのです。

他人に自分の魅力を聞くのは、かなりハードルが高いと思います。実際、いくら身近な人でも、何の脈絡もなく「私の外見の魅力と内面の魅力を教えて！」と迫られると戸惑う

自分の魅力を書き出すワークシート

記入日：(　　　　　)年(　　　)月(　　　)日

自分目線

外見の魅力　ex.まつげが長い	内面の魅力　ex.頑張り屋さん

他人目線

外見の魅力	内面の魅力

でしょう。ただ、ちょっとしたやり方があります。

まず「通っている講座でこういう宿題が出たから、協力してもらえない？」と声をかけます。そして、その人の外見の魅力と内面の魅力について、あなたから先に伝えるのです。すると、ほめられた人はやはり気分が良くなりますから、〝ギブ・アンド・ギブ〟で協力してもらいやすい、というわけです。

じつはこれは、最初に相手の魅力を伝えるプロセスから、すでに練習になっています。普段はマイナス面にばかり目がいく人でも、相手に伝えようと意識した時点で、その人のプラスを見つけようと思考が切り替わります。

見ようとしないと見えないものがあるし、見ようとすると見えてくるものがある。そう体験すると、意識して自分の良いところも見つけようとする習慣につながります。

自分にはいままで気づいていなかった魅力がある。そして、自分が知らなかった魅力を他の人が気づいてくれていた。そう知ることは、心が満たされるかけがえのない経験になります。

自分で自分をほめる習慣をつける

人はほめられると嬉しいもの。かといって他人はコントロールできないので、いつも誰かがほめてくれるわけではありません。

でも、人がほめてくれるのを待つ必要はありません。**自分で自分をほめる習慣をつければいいのです。**

「ダイエットこじらせさん」は、無意識のうちに目標のハードルを上げています。

「もっと頑張らなくちゃダメ」

「これくらいはできて当たり前、やれて当たり前」

そう思ってハードルを上げてしまうのです。

ハードルが上がるほど、自分をほめるチャンスは少なくなります。それどころか自分は

無意識のうちに上げている目標のハードルを下げるのが大事。

ダメだと勝手に思い込み、自己評価を押し下げてしまいます。

子どもが国語のテストで100点を取って帰ってきたとします。そこでお母さんが、ほめ言葉よりも先に、「苦手な算数も理科も頑張ろうね」と言ったら、子どもはどう感じるでしょうか。やる気がしぼんでしまいます。

ダイエットも同じ。体重がほんの少し落ちただけでも手放しで喜んでいいのに、「下腹が凹んでいない」「太ももが細くなっていない」と新たな課題を次から次へと自らに課したら、心が満たされず、つらくてダイエットを楽しく続けられなくなります。もっと等身大の「私」をほめられるようになっていいのです。

ハードルをいかに下げるかが、自分で自分をほめるポイント。

たとえば「今日は深呼吸ができた」「会社に始業時間までに行けた」でもいいのです。私がそう伝えると、多くの生徒さんに「そんなことで自分をほめていいんですか！」とビックリされます。裏を返すと、いかに自分に対してハードルを上げているかという証拠です。

「深呼吸ができた」でもいいと聞くと、ほめるポイントはいくらでも見つかります。この本を手に取ったというのも、ダイエットをあきらめていないからこそ。その前向きさもぜひほめてあげてください。

効果的に習慣にするために、夜眠る前にノートなどにメモします。スマホに記録する方法もありますが、寝る直前は睡眠の質に影響しますので、時間帯に気をつけましょう。

他人に見せるものではありませんから、謙虚や遠慮は一切不要。練習してみます。

今日の私をほめるワークシート

記入日：(　　　　)年(　　)月(　　)日

日にち	今日の私
月　日	ex. 朝、笑顔で挨拶できた。 おやつは栄養補給になるものを食べた。
月　日	
月　日	
月　日	
月　日	
月　日	
月　日	
月　日	
月　日	

他人と比べる習慣を手放す

「友達のA子は、営業成績もアップしたみたいだし、カッコいいカレができて羨ましい」「○○ちゃんのママは、仕事も忙しいのにいつもキレイにしていてお洒落ですごい。なのに私は……」

つい人と自分を比べたくなってしまう「ダイエットこじらせさん」ですが、他人と比べる習慣を手放さない限り、いつまでも心が満たされる瞬間は訪れません。

誰か他の人と比べて落ち込みそうになったら、自分が大事にしている価値観にフォーカスします。42ページで立てた目標――未来の「私」が喜ぶことを思い出す習慣をつけてください。

そうでないと、本当は海が嫌いで山でキャンプするのが大好きなタイプなのに、夏になってまわりが海やプールを話題にするようになると、ぽっちゃり体型でセパレートの水着が着られない「私」に無用な劣等感を抱いてしまいます。

あるいは、ショートパンツなんてファッションとしては好きでも何でもないのに、親しいママ友の一人がショートパンツをカッコ良く穿いていたら、穿けない「私」が悲しいと思ったりします。

他人が頑張って変わった姿を目の当たりにして、「私もあんなふうになりたいから、負けないように頑張る！」と発奮材料にするのは良いのですが、比べて落ち込んでしまうのは、もったいない時間です。

比較対象にしてほしいのは、過去の自分。

昔に比べて小さいサイズの服が着られるようになった、間食がやめられた、顔のむくみが取れて少し小顔になってきた……。

立てた目標に向かうプロセスで、過去の自分と比べて得られた**前向きな変化**に気づき、気持ちを満たすようにします。

無理にポジティブにならない習慣を大切にする

「人生には無駄なことはないと思っています」

「ダイエットには失敗したけど、また一つ勉強して成長しました」

「ぽっちゃりが原因でカレに振られましたが、一人でいる経験も大事ですよね」

「ダイエットこじらせさん」には、自らのネガティブ思考のクセを自覚していて、頑張ってポジティブに転換しようと頑張る人もいます。

自然にポジティブ思考ができていればいいのですが、ネガティブな感情を強引にポジティブに転換し続けるのは、ストレスになります。


無理してポジティブになっていると、自分の本音をごまかして見過ごすことになります。満たされなかった気持ちに気づいてあげることが大切です。

落ち込んでネガティブになったのは、それが「私」にとって大事でこだわりたいところだったからかもしれません。そこに目を向けずにスルーして、「ドンマイ、ドンマイ」と、すぐ次に行かないようにします。

気持ちに向き合う時間を作らないと、心は少しも満たされません。ネガティブになった自分の気持ちに一度丁寧に向き合ってから、それからポジティブに捉えるにはどうすればいいかを考えてみます。

遠くない将来、手が届くはずだと思ったものに手が届かなかったら、誰でも落ち込んでしまいます。このように失敗をして落ち込むのは、良い方向に変わったかもしれない未来の「私」に対する期待の裏返し。それに気づいてあげるのです。

気分転換上手になる

気持ちが満たされないときに、いちばん簡単にできる気分転換は食べることです。

食べることが気分転換になるのは、人間に備わっている自然のメカニズムなのです。胃に食べ物が入ると、カラダの調子を整えている自律神経のうち、副交感神経のスイッチがオンになります。副交感神経は心身をリラックスモードに変えてくれるので、気分がホッとするのです。

でも、当たり前ですが、毎日のように食べて気分転換をしていたら、やせられません。大切なのは、食べること以外の気分転換を持っておくこと。

私は気分転換したくなるシーンを3つに分けて、食べる以外の方法を提案しています。

【シーン別の気分転換法】

シーン	気分転換法
すっきりしたい	・メイクポーチや財布の整理　・手鏡を磨く　・トイレを掃除する
達成感を味わいたい	・簡単なクイズを解く　・簡単な料理を作る
気分を変えたい	・場所を変える　・散歩をする　・窓を開けて空気を入れ替える　・飲み物を変える　・ネイルを変える

むしゃくしゃをすっきりさせたい場面では、メイクポーチや財布の中身を整理したり、持ち歩いている手鏡を磨いたりする方法が考えられます。トイレや部屋の掃除をするのも良い方法です。

脳には「作業興奮」という反応があります。簡単な作業を始め、脳の中央にある側坐核《そくざかく》という部分が刺激されると、すっきりしてやる気が出るのです。やる気が湧いてくると、中断した仕事や家事にすっと戻れます。

小さな子どもがいるお母さんだと、日常の作業が何もかも中途半端で終わり、達成感を得にくいもの。メイクを済ませてから出かけたかったのに子どもが泣いて中断するほかなかった、子どもがぐずるのでゆっくりお風呂にも入れない……。そういうときは、クイズや簡単な料理を試してみます。ダイエットも仕事も、まずまずの結果を出し、達成感を得るまでにはそれなりの時間がかかります。でも、クイズや料理は簡単なものなら短時間で終わるので、達成感を得やすいのです。クイズといっても、簡単なクロスワードを完成させるくらいでOK。料理も凝ったものではなく、卵をゆでるだけでもいいのです。

気分を変えたいときは、いまいる場所から移動してみます。散歩をするのもいいですね。場所の移動ができないときは窓を開け、風と光を取り入れてみましょう。それだけでも、気分は変わります。

飲み物を変えるのもアリ。いつも淹れているコーヒーの豆の産地やブレンドを変えたり、紅茶をハーブティーに変えてみたりします。

未来の自分を苦しめる気分転換に注意

気分転換を試みるときは、後悔するようなやり方を選ばないようにします。その典型例が買い物です。

カレができない、仕事でまわりから正当に評価されない……。そんな満たされない気分のときも買い物をすると気分が上がり、嫌なことが一時的に忘れられます。「これくらい、買うお金があるわ」と自尊心も高まります。それがクセになると、買い物がやめられない買い物依存症に陥る恐れもあります。

ことにいまはスマホ一つで何でも買える時代。調子に乗ってクレジットカードで〝爆買い〟をすると、引き落とし期日までに現金がなく、高い利率を払ってリボ払いを選択するほかなくなるケースも考えられます。

買い物も適度なところでやめられたら、気軽な気分転換になります。ところが、「ダイエットこじらせさん」には自己管理が苦手な人が多く、お金の管理も苦手な傾向が。うっかり経済力を超えた額のエステや脱毛サロンなどのローンを組む人もいます。

買い物は、お酒に似ています。お酒も少量ならストレス解消や気分転換になりますが、習慣化すると依存しやすく、未来の自分を苦しめる結果をもたらします。

スマホゲームも気分転換には向きません。没頭しすぎる恐れがあり、没頭すると時間の浪費になってしまうからです。

電車で夢中になってスマホゲームをしている人をよく見かけます。通勤時の暇つぶしにゲームをやるくらいなら問題ありませんが、うちに帰ってからもスマホゲームがやめられないようでは、自分と向き合って心を満たす貴重な時間を奪われてしまいます。

未来の「私」にプラスになる方法を選ぶ

未来の「私」にプラスになる気分転換には、次の3つのポイントがあります。

❶簡単ですぐにできる
❷一人でもできる
❸気分の良さが長く続く

このうち❶と❷を満たしているのが、ほかでもない食べること。食べることは簡単にすぐできますし、一人でも行えるので、つい食べることで気分転換を図ってしまうわけです。けれど、ダイエットしたかったらそういうわけにはいきません。やせたいと思いながら、その場の感情で食べてしまっては❸の「気分の良さが長く続く」という条件が満たせなくなってしまいます。

「MY気分転換リスト」ワークシート

記入日：（　　　　　　）年（　　　）月（　　　）日

レベル	気分転換法
金	ex. 沖縄旅行
銀	ex. 日帰り温泉に行く
銅	ex. お気に入りのアロマオイルを入れて入浴する

気分転換をしたくなったときに、慌てて「何をしたらいいの！」と探しても、妙案が見つかるとは限りません。そこで**あらかじめ、気持ちを切り替えたいときにできることをリストアップして用意しておきます。**

それも一つではなく、**「金」「銀」「銅」とレベルを変えて3つ用意しておくのがおすすめ。**状況に応じて使い分けるのです。

「金」は理想のベストな気分転換です。

自然豊かな温泉旅館に1泊2日で出かけたり、休暇を取って沖縄旅行に行ったりすれば、心もカラダも満たされて幸せな気分になれそうです。

けれど、そうしょっちゅう実現できない方法だと、条件の❶を満たしていません。気分転換が「金」しかないと、年1回くらいしか気持ちが晴れる瞬間が訪れません。

そこで「銀」を用意します。スーパー銭湯で半日のんびり過ごしたり、バスツアーで日帰りツアーに出かけたり。これなら月1～2回は行えそうです。

でも、**最強なのは、その下の「銅」をたくさん用意できる人。**「銅」は毎日でもできそうな手軽なもの。❶～❸をすべて満たしている気分転換です。

名湯に行かないと気分転換できないタイプより、自宅のお風呂にお気に入りの入浴剤を入れて半身浴をするだけで気分転換できるタイプの方が強いのです。

私が生徒さんにおすすめしている「銅」に、掃除があります。大掃除は大変ですが、お風呂、洗面台、キッチンと場所を決めて取り組むと、❶～❸をすべて満たす気分転換になります。そのうえ、うちもキレイになるのですから、一石二鳥です。

オリジナルの「銅」をたっぷり用意して気分転換上手になってください。

たんぱく質ファーストの食事を心がける

ダイエットの本なのに、ここまでほぼまったく食事について触れてきませんでした。

なぜなら「ダイエットこじらせさん」特有の思考パターンをほぐしてからでないと、むやみに食事管理をスタートしても、続けられなかったり、リバウンドしてしまったりするからです。

でもここまでのプログラムに取り組んできたあなたは、

「心が満たされることが多くなってきた」

「イライラ、ストレスが減っている」

「ネガティブな感情に振り回されることがなくなってきた」

と感じられているのではないでしょうか。

「気持ちが満たされている」ことはとても大事。「ダイエットこじらせさん」には、気持ちを満たすために食べている人がとても多いからです。

まわりの人たちとの関係性が良くなり、イライラやストレスが減り、気持ちが満たされるようになると、余計なものを食べる動機が減ります。「食べてはいけない！」と、ことさらに意識しなくても、気がつくと食欲をコントロールできるようになっているのです。

さあ、ここでようやく一押し。**こじらせをリセットするのに欠かせない食事の知識をお伝えします。まず一つ守ってほしいこと。それは、たんぱく質を摂ることです。**

「低カロリーな食事」ではやせられません

「やせたい」と思っている人の多くは、「カロリーが低い食事がヘルシーメニュー」と心がけていることでしょう。そうすると不足してしまいがちな栄養素があります。それがたんぱく質です。

たんぱく質は、糖質、脂質とともにカロリーになる三大栄養素。ただし、普通の生活をしていたら、たんぱく質が余計なカロリーになることはありません。それ以外にとても重要な役割があるからです。

その重要な役割とは、カラダを作るということ。

成人の体重の6割は水分。残りの4割のうち、2割はたんぱく質。つまりカラダの2割はたんぱく質から作られています。

髪の毛、皮膚、筋肉、血液、内臓といったカラダのパーツはすべてたんぱく質メイド。しかもたんぱく質は体内に貯められないため、食事から毎日摂り入れる必要があります。たんぱく質は20種類のアミノ酸からなりますが、そのうち9種類は体内で合成できない必須アミノ酸。だから日々の食事から摂り入れるほかないのです。

では、こじらせをリセットするのに、なぜたんぱく質が必要なのでしょうか。

それは、**たんぱく質が心の安定にも欠かせない栄養素だからです**。

脳内では、心を安定化させるための物質が分泌されています。その代表格がセロトニンという物質。セロトニンは、必須アミノ酸のトリプトファンから合成されますから、必須アミノ酸をバランス良く含むたんぱく質の摂取が、不安定な心のリセットには不可欠です。

日が落ちて暗くなってくると、セロトニンを原料としてメラトニンというホルモンが作られます。メラトニンは眠りの精のような存在であり、眠りの準備が整ったことを全身に伝えて安眠へと誘ってくれます。
ストレスによる心身の疲れを癒すには質の高い睡眠が不可欠ですが、たんぱく質不足⇓セロトニン不足⇓メラトニン不足になると、それも不十分になる恐れがあります。

「ダイエットこじらせさん」のこじらせを解きほぐすには、とりわけたんぱく質ファーストを意識する必要があるのです。

たんぱく質が必要なのは、心の安定のためだけではありません。**たんぱく質が不足すると、筋肉の減少に結びつきます。それがダイエットにマイナスになるのです。**

筋肉といえば運動に必要、というイメージですが、安静時にも活発に代謝活動を行って熱を作り、体温を保ってくれる働きがあります。

筋肉はつねに分解と合成を繰り返しており、2〜3ヵ月ですっかり生まれ変わります。そして筋肉の組成は水分を除くと、ほとんどがたんぱく質。たんぱく質が足りないと分解が合成を上回るようになり、筋肉の減少を招きます。

筋肉が減ると安静時の代謝活動がダウン。1日に消費する総カロリーが少なくなるわけですから、食べすぎていなくてもエネルギー収支が黒字に傾きやすくなり、やせにくく、太りやすい体質に変わります。

つまり**やせたければ、積極的にたんぱく質を摂る必要があるのです。**

ダイエットの大敵である食べすぎを防ぐためにも、たんぱく質は頼れる味方になります。

たんぱく質をたっぷり摂ると、満足感と満腹感が高まります。一方で、ポテトチップスやフライドポテト、菓子パン、コーラ、お酒は、たんぱく質をほとんど含んでいない「エンプティカロリー（カロリーばかりあり、栄養に乏しい食べ物）」。そのため、満腹感がなかなか得られなくて、つい食べすぎてしまうのです。**無駄なカロリーを摂りすぎないためにも、満足感と満腹感を促してくれるカロリー（＝たんぱく質）を摂った方がお得です。**

やせたい人に必要なたんぱく質の量

たんぱく質の必要量は体重から簡単な公式で求められます。それは次のような公式です。

1日のたんぱく質の必要量（g）＝体重（kg）×1・0〜

たんぱく質は体重40kgなら40g以上、50kgなら50g以上必要なのです。

加えて、たんぱく質は一度に多く摂っても代謝されにくいという性質があります。**1日3食で分散させて摂るように心がけます。**

摂りたいたんぱく質の量がわかったら、次にその質にも目を向けます。

たんぱく質には、「植物性」と「動物性」があります。

植物性たんぱく質の代表選手は、大豆食品。豆腐、納豆、豆乳などです。植物性の大豆たんぱく質には、体脂肪の減少をサポートする働きがあります。また、(豆乳を除くと)動物性のたんぱく質には含まれていない食物繊維が含まれています。最近では遺伝子組み換えなどのリスクの低いえんどう豆のプロテイン(ピープロテイン)も注目されています。

動物性たんぱく質の代表選手は、魚介類と肉類。

魚介類のなかでも、さんま、さば、いわし、あじといった青魚は、血液中の中性脂肪を下げるオメガ3脂肪酸を多く含み、血液をサラサラにする作用があります。

肉類は必須アミノ酸をバランス良く含む良質なたんぱく源ですが、飽和脂肪酸という脂質を多く含むのが玉にキズ。飽和脂肪酸の摂りすぎは、生活習慣病の引き金になります。また、体質によっては肉類のたんぱく質をうまく消化吸収できない人もいます。


大事なのは、植物性たんぱく質も動物性たんぱく質もバランス良く摂ること。

1日のうちで、豆類や豆由来の食品、魚介類、肉類という3種類をまんべんなく食べるように意識します。　とくにダイエットを意識しているときは、豆類や豆由来の食品と魚介類をメインに据えてみます。

「トーストとフルーツとコーヒー」の朝食、あるいは「パスタとサラダ」や「コンビニの梅干しおにぎりと春雨スープ」のランチではほとんどたんぱく質を摂れていません。「プロテインドリンク*を朝食にする」「サラダにサーモンやツナをプラスする」「豆腐の味噌汁にする」など、意識してたんぱく質をプラスする練習をします。

たんぱく質が何にどのくらい含まれているかを次ページでリストにしました。参考にしてみてください。低カロリーで高たんぱく質、飽和脂肪酸を含まない食材がダイエットにはおすすめです。

*プロテインドリンクなどを活用する場合は、信頼できるブランドのものを選びましょう。

食品に含まれるたんぱく質量

	品目	1食分	たんぱく質量（g）	キロカロリー（kcal）
植物性	木綿豆腐（1/2丁）	150g	10.0	108
	納豆	40g	6.7	97
	豆乳（無調整）	200mL	9.5	105
魚介類	鯛の切り身	100g	20.6	142
	鮭の切り身	100g	17.8	138
	さんま（中1尾）	100g	17.6	297
	さば切り身	100g	21.0	247
	まぐろ切り身	100g	26.4	125
	ツナ缶（1缶）	80g	14.6	78
	えび	100g	18.5	82
肉類	牛もも肉	100g	20.5	209
	豚もも肉	100g	20.5	183
	豚ロース肉	100g	19.3	263
	鶏胸肉	100g	19.5	244
	鶏もも肉	100g	17.3	253
	卵（1個）	60g	7.4	91
	ヨーグルト（無糖）	100g	3.6	50
	スライスチーズ（1枚）	18g	3.8	62

*食品の大きさや種類により、誤差があります。

こじらせリセットプログラム

07

「自分軸」で輝ける人になる

「自分軸」で輝くためのファーストステップ

さあ、「ダイエットこじらせさん」のこじらせをリセットするプログラムも最終章となりました。最後に、これまで繰り返しお話ししてきた「自分軸」で生きるために必要な習慣をもれなく手に入れます。「他人軸」な思考をきっぱりと手放すのです。

「ダイエットこじらせさん」は、断ること、リクエストすることが苦手。

たとえば、自分一人で食べるときは大丈夫なのに、飲み会に誘われたときや、職場のいただき物には、食欲を上手にコントロールできなかったりします。行きたくない飲み会の誘いを上手に断れなかったり、まわりの雰囲気にのまれていただき物をちょいちょい食べたりしていると、どうしてもダイエットの成果を得にくくなります。

まさにこの断り下手が、やせられない原因となっている生徒さんがいました。

Aさん（30代・会社員）は、会社の飲み会の帰り道に必ず、自宅近くのコンビニに立ち寄るという習慣がありました。そこで食べたいものを買い、自宅で夜食として食べていたのです。

飲み会帰りにコンビニに寄らないというルーティンを作るのは簡単ですが、それがなぜか守れない日々が続いていました。

その原因は飲み会での彼女の行動にありました。

飲み会でメニューを頼むとき、自分の希望を言い出せず、いつもほかの人が頼んだものを仕方なく食べていたAさん。席順についても意見が言えず、そんなに親しくない人たちに囲まれて、食べたくないものを食べながら、気まずい時間を過ごしていました。

せっかくの飲み会なのに、気分が晴れるどころか、不満がつのるばかり。それを解消するために飲み会帰りはコンビニに吸い寄せられるように立ち寄り、スイーツなど好きなものを買って食べていたのです。

飲み会で自己主張ができない彼女は、職場でも自己主張が苦手。頼まれた仕事に対して嫌と言えない日々を送っていました。どう考えてもキャパオーバーなのに、「もうこれ以上は引き受けられません」と自己申告できなかったのです。

キャパオーバーなら、新たな仕事を引き受けるのが難しいのは当然。なぜ当然の主張ができないのかを聞いてみると、Aさんは「お願いごとは断ってはいけないもの。相手に迷惑がかかってしまいます」と答えました。他人に無理をさせないために、自分が無理をしていたのです。

この「他人軸」な行動を「自分軸」に変えない限り、ストレスから食べてしまう人生からは抜け出せません。

Aさんには「飲み会帰りにコンビニに寄るのをやめるには、断り上手になり、意思表示をしっかりできるようにならないと」ということを自覚してもらいました。それをきっかけにAさんは変わり、ぽっちゃり体型から脱出できました。

断り上手になるポイント

「自分軸」で輝くためには、他人に自分の意見を通せる——リクエスト上手になることが大事です。その第一段階として、まずは断り上手になるためのポイントを知ります。

断るのが苦手でNOと率直に言えない人は、「断ると相手に無理をさせてしまうかもしれない」と不安に思いがちです。でも、大切に考えたいのは、相手よりも、自分です。

断り上手になるといっても、相手に対してダダっ子のように何でもかんでも「NO、NO！」と、はねつけることをすすめているわけではありません。

大事なのは、**自分のなかに「こういうときは迷わず断っていい」という基準を持つこと**。その基準は次の2つです。

《基準1》断らない理由が「どう思われるか不安」なだけ

仕事を例に取りましょう。仕事で自分にそのスキルがないならあっさり断れます。コンピュータの表計算ソフトを扱った経験がないのに、こみ入った表計算を頼まれたら、誰でも「それはできません」と迷わず断れるはず。

スキルはあるけれど、ほかの仕事で手一杯。それなのに「断ると、どう思われるかが不安」だから断らない。これが、これからは断るようにしたいパターンです。

断ってしまうと、協力的でないと思われるのではないか。仕事ができないと思われるのではないか。そうした不安は突き詰めると、相手のことを考えて生じたものではなく、自分を守りたいという気持ちから生じています。

心から「私」を守りたいと思うなら、断らないという選択が自分を苦しめていると知り、一歩進んで断る練習をします。

先ほどの例でいくと、「飲み会を断ると、付き合いの悪い女だと思われるのではないか」とか「いただき物をみんなで食べているのに、断ると嫌な女だと思われるのではないか」という不安が、断れない理由になっています。これも「私」を守りたい、という気持ちから出たもの。ならば自分本位をいっそ貫き通して、飲み会もいただき物も断る勇気を持ちます。

《基準2》無理をしないと引き受けられない（自己犠牲）

こちらは基準1よりも少しだけ難易度が上がります。やれるだけのスキルは備わっているけれど、時間的に難しい、体力的につらいというシチュエーションもあるでしょう。

無理をして引き受けているのは、何より大切な「私」が犠牲になります。「自分軸」で心を満たすためには、自己犠牲を強いるようなタスクは断ることにします。

上手な断り方のポイントとしては、「それ、無理！」と結果だけを伝えるのはNG。**なぜできないのかという状況を相手に伝える習慣をつけます**。

「締め切りが迫っているほかの案件があり、時間的に難しい」

「キャパオーバーで残業が続いているので、体力的につらい」

このように自らが置かれた状況を伝えて断れば、相手も強制しません。

断り上手になる最後のポイントは、**本当にやりたいこと、自分にしかできないことを優**

先する姿勢です。

仕事でも、「本当にやりたいこと」や「自分にしかできないこと」は限られています。インフルエンザで職場を1週間休んでも、案外うまく回っているものです。断るべきことは断り、心から重要だと思うものにエネルギーを使おうと、行動をスイッチします。

Dさん（20代・会社員）は頑張り屋さんで、成長したいという意欲が高く、まわりの役に立ちたい、という強い思いを持っていました。

彼女はどんなに忙しくても平気な顔で仕事をこなしていましたが、帰りはいつ

「断り上手」になることが、「自分軸」で輝くポイント。

も深夜。遅い時間帯になると食べ物はコンビニで買うしかなく、昼間のストレスを発散するように爆食する日々が続いていていました。これでは太って当然です。

Dさんには、まず頑張りすぎがストレスによる爆食につながっていることに気づいてもらいました。Dさん自身も「不規則な食生活で体調を壊したら、まわりの役に立てなくなりますね」と気づき、仕事量を調節する術を覚えました。置かれている状況をまわりに説明して、助けや協力を求めるよう、行動を変えたのです。それによって深夜の爆食にブレーキがかかり、徐々にやせて体調も良くなりました。

伝え方のポイントを知り、リクエスト上手になる

断り上手になったら、次はリクエスト上手にステップアップします。まわりに手助けや協力をリクエストできないと、何事も一人で抱え込んで時間がなくなり、ストレスを抱え込むことになります。

家事なら家族、仕事なら同僚に、サポートをお願いできるようになります。

リクエストが苦手な人には、過去にリクエストしたのに、聞いてもらえなかったという苦い経験をしているタイプも少なくありません。「また断られるのではないか」という不安があると、リクエストしにくいのです。

でも、過去に苦い経験をしたのは、おそらくリクエストの仕方が下手だったから。伝え方のポイントを知っておけば大丈夫。それは次の3つです。

❶ **相手の状況を確認する**
❷ **目的を伝えてから話す**
❸ **何を、いつまでに、どうしたいかを具体的に伝える**

初めに大事なのは、リクエストする相手の状況の確認です。

ストレスが溜まり自分に余裕がなくなっていると、相手の気持ちを思いやる余裕がなく相手の状況を確認しないまま、いきなりお願いをぶつけてしまうことがあります。それでは、相手に断られても仕方ありません。

夫が仕事から疲れて深夜に帰ってきた瞬間、「もっと育児を手伝ってくれてもいいと思うの」といきなりマシンガントークで切り出したら、相手も拒絶反応を起こして夫婦喧嘩に発展するのがオチです。

「顔が疲れているみたいだけど、大丈夫?」といったん思いやりを見せてから、「お願いがあるんだけど、明日にした方がいいかなあ」と話しかけてみると、夫も「疲れているけど、大丈夫だよ。話って何?」とちゃんと向き合ってくれるかもしれません。

伝え方が間違っているだけなのに、断られる体験をすると、「どうせ私のことなんて、みんなどうでもいいんだ」と勝手に思い込んでしまい、何でも自分で抱え込み、ダイエットもメンタルもこじらせてしまいます。

何事にも段取りというものがあります。まずは「ねぇ、いま話しかけても平気？」と尋ねるところからスタートしましょう。

次のステップは、目的を伝えてから話すことです。

用件だけを伝えるより、その目的を一緒に伝えた方が、リクエストが叶えられる確率はアップするのです。

生徒さんに例として話すのは、次のような話です。

レストランで会食前に薬が飲みたくなったとします。そこで「あの、お水くださ～い」と店員さんに呼びかけるのと、「薬を食前に飲んでおきたいので、お水を持ってきていただけますか？」という頼み方をするのでは、相手の対応は変わります。

「薬を飲みたいので」と目的を伝えると、単に「お水くださ～い」と呼びかけるより水が早く出てくるかもしれません。気の利いた店員さんなら、飲みやすいように氷を抜いて常温の水を持ってきてくれるでしょう。

夫にもっと育児を手伝ってもらいたい、というときに、「保育園の送り迎え、もっと手伝ってよね」と不機嫌に言っても思いは伝わりません。

「もっとお金を貯めて家族旅行に行きたいから、外食を減らして自炊を増やしたいの。その時間を作りたいから、送り迎えをお願いできないかな？」とリクエストすると、応じてもらえる可能性は高まるのです。

最後に**大事なのは、何を、いつまでに、どうしたらいいかを具体的に伝えること**。

「困っているの。なんとかしてちょうだい！」では、相手は何を「なんとか」すればいいのかわかりません。

「新しい表計算ソフトの使い方がわからなくて困っているの。どうすれば前のソフトのデータを読み出せるか、教えて！」などと話が具体的になるほど、「それなら手伝ってあげられる」と相手も前向きに検討してくれる確率が高くなります。

さらに「いつまでに」というスケジュールにゆとりを持たせて伝えると、「今日中でいいなら、夕方サポートできるよ」と前向きになってくれるでしょう。

断られることを恐れない

とはいえ、上手にリクエストしたはずなのに断られることもあるかもしれません。だからといって「やっぱりダメだった」と傷つく必要はありません。

大事なのは、「断られる」ことを「自分に対する評価が低い」ことだと、結びつけないことです。

きちんと伝えているのに断られたのだとしたら、それは相手に何かの事情があるから。

「断られる」＝「評価が低い」というわけではけっしてないのです。

恋人がデートにちょっと遅れてきたとします。すると、「私とのデートが楽しくないから、遅れてしまうんだ」とか「私のこと、本当はどうでもいいのかな」と、悲しくなってしまう人がいます。

実際は、電車の遅延で待ち合わせに遅れることは誰にでもありますし、急ぎの仕事が入って職場を出るのが遅れることだってあります。

また、夫が子育てを手伝ってくれないのは、「私の苦労がわかっていないから」とか「家族をないがしろにしているからだ」と怒りをつのらせてしまう人もいます。けれど、夫は仕事でいっぱいいっぱいで、単にゆとりがないだけかもしれません。

人の行動を「○○に違いない」と思い込みがちなのが「ダイエットこじらせさん」の悪いクセです。

こうした思い込みがリクエストにストップをかけてしまうのですが、その背景にあるのは、「過度の一般化」という認知の歪みの一つ。一度か二度起こっただけの失敗や悪い出来事を一般化して、「次も絶対そうに違いない」と思い込んでしまいやすいのです。

思い込みで余計な悲しさやストレスを溜めてしまうのはもったいないですね。**断られることを恐れなくなるには、一度起こったからといって、次も同じとは限らない、と切り替えることが大切です。**

小さなお願いからリクエストしてみる

「自分軸」で生きられるようになるステップとして、まずは身近な人に小さなリクエストをする練習をします。けっして大きなお願いでなくていいのです。

「子どもが飲み物をこぼしちゃった。テーブルを拭きたいから、キッチンペーパーを取ってもらってもいい？」そういうごくごく小さなリクエストからスタートするのです。きっとそのリクエストは叶えられます。

伝えられたリクエストは、どんな小さなものでもいいので書き出してみます。叶えられたリクエストは、「自分は大切にされている」という自信になります。それが積み重なっていくほど、リクエストの大きさをサイズアップしていけるはずです。

そうして、自分で自分の心を満たせる人、「自分軸」で輝ける人へとステップアップしてください。

「小さなリクエスト」ワークシート

記入日：（　　　　）年（　　　）月（　　　）日

*「伝えることができた」を合格点にして書いてみましょう。叶えてもらえないことがあっても、伝えられた「私」にOKを出せることが「自分軸」で輝くコツです。

日にち	リクエスト
月　　日	ex. 夫に重い荷物を持ってほしいと伝えられた。
月　　日	
月　　日	
月　　日	
月　　日	
月　　日	
月　　日	
月　　日	
月　　日	
月　　日	

#「自分軸」で輝く私になるための7ヵ条

これまでのプログラムのおさらいとして、「自分軸」で輝くために大切にしたい7つのポイントをリストアップします。ダイエットに迷ったら、折に触れてここだけでも読み返してみてください。

《1》ありのままの「私」を受け止める

ネガティブな感情も、ポジティブな感情も、ありのままに感じるところからスタート。自分がどうなりたいかをごまかしません。

《2》迷ったときは「未来の自分」と対話する

「いままでダメだったから、次もダメだろう」ではなく、どんなときも「未来の自分は、何を望んでいるか？」「未来の自分なら、どうするか？」という視点で自分自身に問いかけます。

《3》一人で頑張らない

断り上手、リクエスト上手になります。「それはできません」や「手伝ってください」と素直に言えるように。

《4》できなかったらハードルを下げるか工夫する

「この方法でできなかったからもうダメ！」と決めつけず、工夫できることがないか発想を変えます。柔軟な思考で、目標設定自体を見直すことも考えて。

《5》まず、やってみる！

「できる」「できない」ではなく、「やりたい」「やりたくない」で判断を。

《6》自分で自分を満たせるようになる

コントロールできない他人からの働きかけを待つのではなく、自分で自分をご機嫌にする方法を持っておきます。

《7》自分にも他人にも積極的に関わる

自分の気持ちをまずは自分が理解すること。そのうえで、他の人にも丁寧に自分の気持ちを伝えられて、コミュニケーションで心が満たせるようになるのが目標です。

こじらせてきたら読むQ&A

それでも「なんだかうまくいかない」というモヤモヤを抱えてしまったら、このページを見直してみましょう。あなたの悩みへの答えがここにあるはずです。

Q.もう、なんだかダイエットが面倒になってきた！

A.ダイエットのことだけ考えるのは失敗のもと！
なりたい「私」の全体像を思い出して。

⇒33ページへ

Q.せっかく目標を決めたのに、続かない！
やっぱり私ってダメなのかも。

A.完璧主義が邪魔してない？　「私」を認めることを思い出して。

⇒140ページへ

Q.ダイエットも、仕事も、家事も！　そんなに頑張れない！　もう無理！

A.いっぱいいっぱいになったときこそ、
愛される「私」になるチャンス。

⇒182ページへ

Q.ダイエットに成功しても、
仕事や恋愛がうまくいかなかったらどうしよう……？

A.「他人軸」より「自分軸」！　「私目線」の目標を取り戻して。

⇒26ページへ

Q.イライラや鬱々《うつうつ》とした気分から抜け出せない、そんな自分にうんざり。

A.ネガティブ感情の「トリセツ」を読み返して。
「私」からの大切なメッセージが見つかるはず。

⇒52ページへ

ダイエット成功のための10の食習慣

「食べるのが好きだから、ダイエットは難しいんです」と言う人がいます。でも、ダイエット中だから食事を優先してはいけない、とは思いません。

むしろダイエット中こそ、食べることを大切にしてほしい。食べることを本当に大切にしていれば、テレビやスマホを見ながらなんとなくポテチをつまんだりして、不必要なカロリーを摂ることはないはずだからです。

「食べるのが好き」でも、「何でもただたくさん食べたい」とか、「お腹がいっぱいになるまで食べたい」というのは、食事を大事にしているとは言えません。

私はスクールで「牛乳はやめて豆乳にしてください」とか「揚げ物を食べては

いけません」といった言い方は一切しません。

ダイエットをするうえで必要な栄養などの知識は教えますが、「これをしてはいけない」とか、「こうしなきゃいけない」という言い方はしないのです。

なぜなら、「どうありたいか」「どうなりたいか」を自らの意志でチョイスし、未来の「私」が喜ぶ判断をしてほしいからです。

自分の心を満たし、自分のカラダに必要なものを大切に選んで食べていれば、太ることはありません。

最後にダイエットを成功させる食習慣について10ヵ条にまとめてみました。

ポイントは、「〇〇してはいけません」という否定形になっていない点。人は「〇〇してはいけません」という否定形で語られると、やってみたくなるものだからです。少しずつでもいいので習慣にできるように、何度も読んで生活に取り入れてみてください。

《1》満腹感以外で満足感を味わう

ダイエット中「たくさん食べたいから、野菜たっぷりのサラダにします」と言う人がいます。

でも、171ページでお話ししたように、野菜だけがメインのサラダだけではたんぱく質などの栄養素が不足して体調不良につながりますし、つねに満腹を目指す食事は食べすぎの習慣化につながります。

たんぱく質をメインとした食事を選ぶ、よく噛む、盛りつけを工夫する、会話を楽しむなど、満足感を高めるように心がけます。

《2》調理法・調味料に気をつける

カロリーになる三大栄養素のうち、もっとも高カロリーなのは脂質。なかでも摂りがちなのが油です。油を摂りすぎない調理法を選ぶようにします。

揚げ物や炒め物は多くの油を使います。「グリル」「ゆでる」「蒸す」の方が油を使わないので、カロリーが抑えられます。余分な油も除けます。同じ食材なら、揚げ物や炒め物ではなく、「グリル」「ゆでる」「蒸す」を選びます。

ドレッシングなどの市販の調味料には、余分な油や糖質が含まれている場合があります。ゆとりがあれば手作りしてみてください。市販品を選ぶときは、できるだけ添加物が少ないものをチョイスします。

カラダに良い油もありますが、「ダイエットこじらせさん」には量のコントロールが苦手な方が多いので、油や脂質の全体量を減らすことからスタートする方がおすすめです。

《3》必要な栄養素の摂取を最優先する

食事の目的は本来、カラダに必要な栄養素をあげることです。栄養の摂取よりも、満腹感、ストレス解消を優先してしまい、それらが目的になると、やせられなくなります。

栄養素で優先したいのは、たんぱく質、ビタミン、ミネラル、食物繊維など。栄養素が足りないと体調不良になりかねません。食事だけだと栄養素が不足する場合は、信頼できるサプリメントを選び、活用します。

《4》糖質は量と質でコントロールする

日本人はカロリーの半分以上を糖質から摂っている人が大半を占めています。糖質が多いのは、ご飯、パン、麺類などの主食。スイーツやジュース、お酒、調味料などにも糖質は含まれています。ことに注意したいのは、摂取量が多い主食。食べすぎや、うどん＋おにぎりといった糖質の重ね摂りは避けます。

主食はご飯、食パン、パスタといった白っぽいものより、玄米、雑穀米、全粒粉パン、ライ麦パン、全粒粉パスタといった黒っぽいものの方が消化と吸収がゆっくり進み、血糖値が上がりにくく、太りにくいと言えます（体質により個人差があります）。

ただし、「○○ならOK！」とたくさん食べてしまいがちなのが「ダイエットこじらせさん」。血糖値への影響だけでなく、体質や体調によっては食物繊維の多い主食がカラダに合わない方もいます。「太りにくいものを選んだから」とたくさん食べる理由にしがちなので気をつけます。

《5》迷ったら「この食べ物は本当にいまの私に必要？」と問いかける

「余計な物を食べない」のがダイエットの基本ですが、「○○しない」だと食べたくなってしまいます。そこで食欲にすぐに反応しないで、ひと息入れて**「この食べ物は本当にいまの私に必要？」と問いかけるクセをつけます。**

何のために食べるのか。どんな栄養になるのか。食べる目的をつねに意識し、心から必要だと思えるものを大切に食べてください。

そうするうちに「先輩の地方出張のお土産が回ってきたから」とか「みんなが食べているから」といった理由で無意識に食べることがなくなるはずです。

《6》間食と夜9時以降の飲食はポイントを押さえて選ぶ

太りやすいので、間食や夜9時以降の飲食は控えたいところ。その際、「○○しない」と厳しいルールを決めるのではなく、小腹が空いたり、夕飯が遅くなったりしたときを想定してあらかじめ対策を立てておく方が有効です。

小腹が空いたら、不足しやすいたんぱく質、ビタミン、ミネラルの補給になるものを優先して摂ります。ヨーグルト（おすすめは豆乳のヨーグルト）、素焼きのミックスナッツ、無添加のおしゃぶり昆布、納豆などです。

夕飯が遅くなったら、消化が良くて胃腸に優しい食べ物を腹六分目で。具だくさんの味噌汁やスープ、お鍋などがおすすめです。

《7》自分が食べている量を把握する

無意識に食べていると満腹感に対して鈍感になり、食べすぎる傾向があります。自分がどのくらい食べているかを把握します。

食べているものを記録する「食事日記」をつけると、何をどれくらい食べたかを意識するきっかけになります。ずっと続けるのは大変ですが、**1〜2週間だけでもトライすると、食べている量を把握する習慣づけになります**。

とくにブッフェだと1回ずつお皿が空になるので、トータルでどのくらい食べているかがわかりにくくなります。一度、前菜からデザートまで最初から目の前にすべて並べてみると、おかわりに行かなくてもかなりボリュームがあることを視覚的に自覚できます。

《8》20回以上嚙《か》む×20分以上かけて食べる

早食いだと太るのは、科学的に証明されています。満腹感を感じる前に食べすぎるため、不要なカロリーを摂りやすいのです。

早食いを防ぐために有効なのは、一口で20回以上噛み、1食を20分以上かけてゆっくり食べること。そうすれば満腹感を得やすく、腹八分目で食事が終えられます。

よく噛むと唾液が多く分泌されるため、消化吸収がサポートされます。さらに唾液には旨味成分のグルタミン酸が含まれており、脳に作用して食事の満足感をアップさせる働きも期待できます。

ゆっくり食事するコツは、最初に手を合わせ、呼吸も整えてから、ゆっくりと「いただきます」と言って食べ始めること。一口目で20回噛むことを忘れなければ、おのずとゆっくり食べられます。

《9》お酒は飲みすぎと〝締め〟の食べすぎに気をつける

お酒に含まれるアルコールは1g7キロカロリー。糖質とたんぱく質はそれぞれ1g4キロカロリーですから、それ以上に高カロリーなものです。

アルコールは肝臓で代謝されます。脂肪の分解も肝臓で行いますから、アルコールの代謝に忙しくてはダイエットの妨げにもなりかねません。たとえ糖質オフのお酒でも、飲みすぎは肥満につながります。適量にとどめましょう。

お酒がアブないのは、食べすぎモードになりがちなこと。

肝臓は血糖値の調整をしていますが、アルコールを代謝している間はその調整が疎かになり、血糖値が下がりやすくなります。だから、お腹いっぱい食べているはずなのに、締めにおにぎりや麺類などが欲しくなるのです。締めたくなったら、味噌汁や鶏スープなどでお腹を満たすようにします。

《10》水分補給を積極的に行う

女性には「むくみたくないから、水分補給を控えている」と言う方もいます。でも、内臓がきちんと働いていれば、むくむことはありません。排泄物として外に出ていくからです。

むしろ水分が足りないと、やせにくくなります。エネルギーを代謝するには水分が必要。水分不足だと代謝が滞り、太りやすいのです。

1日に必要な水分量は、次の公式で計算できます。

1日の水分摂取量(mL)=体重(kg)×35mL

体重が45kgなら1575mL。この場合、500mLのペットボトルを午前、午後、夕方以降で1本ずつ飲むと考えるとよいでしょう。水分は一度に多く摂っても吸収されにくいという特徴があります。それを踏まえて少なめ・こまめに摂取してください。

コーヒーや紅茶や緑茶のようにカフェインを含んでいる飲み物は利尿作用があるため、また、ジュースやカフェラテのように糖質を多く含む飲み物も、糖質やカロリーの過多につながる恐れがあるため、水分補給に向いていません。毎日飲んでも飽きない、お気に入りのミネラルウォーターを見つけておきます。

「ダイエットこじらせさん」は、せっかく飲むならと、ミネラルウォーターの選別にこだわりすぎたり、一度飲み忘れると「やっぱりできない」と決めつけて取り組みを投げ出したりしがちです。リラックスした気持ちで、気長に取り組みましょう。

おわりに

親愛なる「ダイエットこじらせさん」へ

ここまで読んでくださって、ダイエットを今度こそ終わらせるために必要なのは、「気合い」や「根性」ではないことを感じていただけたでしょうか。

私自身じつは、「はじめに」を書きながら、涙が止まりませんでした。なぜなら、チョコチップクッキーのファミリーサイズを一気に食べたり、グラノーラをお皿にも出さず袋から手づかみで食べる自分に絶望していた「私」をまざまざと思い出したからです。

もし、過去最高に太った21歳の「私」に、この本を届けられたとしたら、もっと早く「ダイエットこじらせさん」を卒業できたことでしょう。

そして、人生の大切な時間を数々の誤解だらけのダイエットに費やすこともなく、自分を責め続けて嫌いになることもなく、本当にやりたいことのためにエネルギーを注げただろうと思います。もっとダンサーとして活躍できたかもしれない。けれど、どれだけ悔やんでもその長い日々は返ってはきません。

だからこそ、いままだ「ダイエットこじらせさん」として、悩むことや落ち込むことに多くの時間を費やしているみなさんに、1日でも早くダイエットの悩みから抜け出してもらいたい、やりたいことに真っすぐ向かえる心とカラダを手に入れてほしい、という思いで、「ダイエットを卒業する方法」をお伝えし続けています。

ダイエットは永遠に続けるものではなく、豊かに生きるために卒業すべきものです。

現在の「私」は愛する夫と息子と3人で暮らしています。0歳児の子育てを楽しみながら、「ダイエットこじらせさん」のために本を書けるようになっているなんて、当時の私は想像もしていませんでした。「こんな私になれてよかった！」と心の底から思える人生を送れていることに、いま、とても満たされています。

そしてこの本に登場してくださった「元・ダイエットこじらせさん」のみなさんのダイエットサポートをさせていただいてきた経験から、「どんな女性も、自分を大切にすることで幸せにダイエットを卒業できる」という確信を持つことができました。

エピソードをこの本で紹介することにもご快諾いただき、本当にありがとうございます。

またこれらの経験を読者のみなさんに届けるために、この本作りにお力添えいただいた編集者の下井さん、井上さんにも感謝の気持ちでいっぱいです！

なお、私が指導するダイエットスクールでの実際の講座では、こじらせマインドをリセットするプログラムとあわせて、食事や栄養、運動の選び方などを学び、太らない習慣を身につけるための指導をしています。この本でご紹介している生徒さんのダイエット成果は、食事管理や簡単なエクササイズも実践したうえでの成果です。

「自分軸」で生きている人には、これだけは譲れないという「私」だけの価値観があります。「私」だけの価値観を持っている人は、食べることも大切にできます。だからストレス解消のために食べたり、ただなんとなく食べたりしないのです。
あなたは「ダイエットこじらせさん」だった過去を、どんな未来の「私」に活かしたいですか？
ダイエットを卒業する前提で、ぜひ考えてみてください。

どうか「他人軸」に振り回されず、「私」らしい価値観を持って生きられるようになってほしい。そして「体型」以上に「幸せな私」で生きることを大切にしてください。それが、かつて「ダイエットこじらせさん」だった私が、読者のみなさんに願うことです。

2020年初夏　七瀬　葉

七瀬 葉　You Nanase

ダイエットコーチ。佐賀県出身。20歳で上京し、東宝芸能でダンサーとして舞台などで活動するなか1年間で最大18キロ増も経験。過食症と戦い続け、心とカラダのバランスをとることの大切さを痛感し、ボディメイクの道へ。ピラティスインストラクター、ストレッチトレーナーの経験を積み独立。2015年、東京で「美姿勢ダイエットスクール」を開校し、地方から新幹線や飛行機で通う生徒もいるほどの人気スクールに。これまでのべ1500人のダイエット指導を行い、98%という高い成功率を誇る。
美姿勢ダイエットスクール　bishisei-diet.com

STAFF LIST

デザイン
吉田憲司+宍倉花也野
(TSUMASAKI)

イラスト
寺門朋代(TSUMASAKI)

構成
井上健二

食事《しょくじ》制限《せいげん》ゼロ、運動《うんどう》ゼロ
「ダイエットこじらせさん」が今度《こんど》こそやせる本《ほん》

2020年6月9日　第1刷発行

著　七瀬《ななせ》 葉《よう》
発行者　渡瀬昌彦
発行所　株式会社講談社
〒112-8001 東京都文京区音羽2-12-21
販売☎03-5395-3606　業務☎03-5395-3615

編集　株式会社講談社エディトリアル
代表　堺 公江
〒112-0013東京都文京区音羽1-17-18 護国寺SIAビル6F
☎03-5319-2171
印刷所　株式会社新藤慶昌堂
製本所　株式会社国宝社

　N.D.C.780.14　207p　19cm　ISBN978-4-06-519596-3